Der bärtige Mann

Eine Skizze um ein erotisches Attribut

von Barbara Martin

ISBN 3-935946-12-0

Der bärtige Mann

Herausgeber:
Kryolan GmbH, D-13409 Berlin
Druck:
Hock Cheong Printing, Singapore
Printed in Singapore

Vorbemerkung

Es mag auf den ersten Blick erstaunen, dass ausgerechnet eine Frau ein Buch über bärtige Männer schreibt.
Aber ist es nicht so, dass wohl niemand besser geeignet ist, die Eigenschaften, Vorzüge, Nachteile und das Besondere am Mann beurteilen zu können, als eine Frau.

Mein aufrichtiger Dank gilt den vielen Mitgliedern der Bartclubs Deutschlands, und Österreichs, vor allem dem Präsidenten des Verbandes Deutscher Bartclubs, Herrn Wolfgang Stier, die ich alle zur Bartolympiade 1996 in Mürzhofen kennengelernt habe und die nicht müde wurden, stets freundlich und mit außergewöhnlicher Bereitwilligkeit meine vielen Fragen zu beantworten.

Mein besonderer Dank gilt auch der Dozentin an der Hochschule für Bildende Künste Dresden, *Frau Ursula Bohle*, für ihre fachliche Beratung.

Ohne die großzügige Unterstützung aller wäre dieses Buch so sicher nicht entstanden.

Inhalt

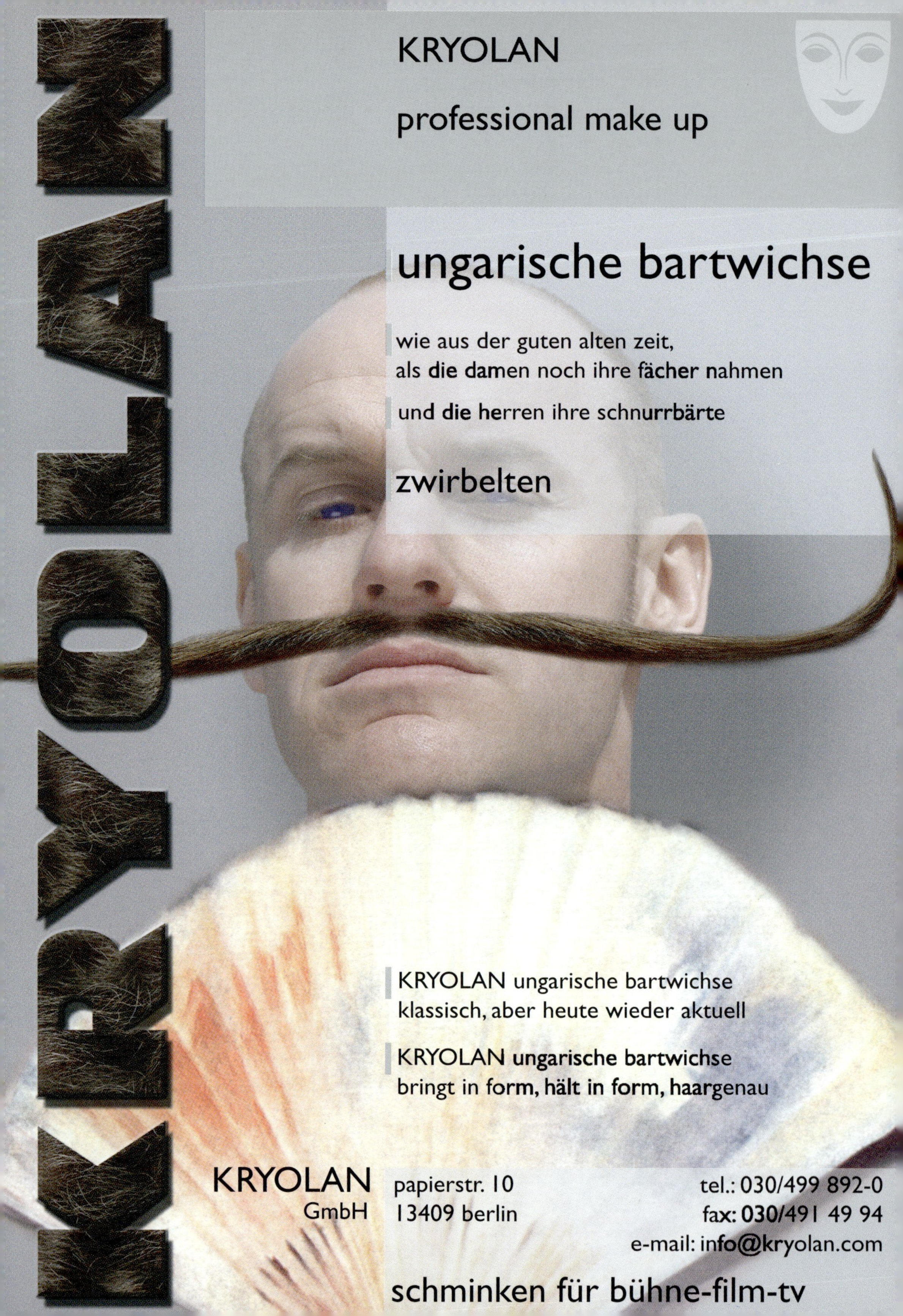
KRYOLAN
KRYOLAN
professional make up
ungarische bartwichse
wie aus der guten alten zeit,
als die damen noch ihre fächer nahmen
und die herren ihre schnurrbärte
zwirbelten
KRYOLAN ungarische bartwichse
klassisch, aber heute wieder aktuell
KRYOLAN ungarische bartwichse
bringt in form, hält in form, haargenau
KRYOLAN
GmbH
papierstr. 10
13409 berlin
tel.: 030/499 892-0
fax: 030/491 49 94
e-mail: info@kryolan.com
schminken für bühne-film-tv

Teil 1

und am Anfang war

der Bart

Viele berufen sich auf ihren grauen Bart,
statt einfach zum Friseur zu gehen.
Czerny

Kapitel 1

Seit der Mensch seine Körperbehaarung weitestgehend eingebüßt hat, wird er nicht müde, an seinem äußeren Erscheinungsbild Veränderungen vorzunehmen.
Sicher hat jeder den Wunsch, es möge eine Verbesserung, eine Aufwertung sein. Wenn man allerdings die mitunter extremen Varianten in der Mode betrachtet, dürften wohl einige Zweifel angesagt sein.
Ob man die Mode um das Jahr Null, oder im Mittelalter, oder die Röhrenhosen und Ringelsocken Ende der 40er Jahre bis zum Piercing heute betrachtet, stets hat sie einigen gefallen, anderen weniger.
Meinungen prallten aufeinander, unanständig viel Geld wurde und wird oft mit der Mode verdient, es hat deshalb schon Mord und Totschlag gegeben, und manche Auseinandersetzung in der Mode wird wie ein Glaubenskrieg geführt.

Besonders sensibel reagieren Frauen. Man kann einer Frau fast alles sagen, sie wird es irgendwann verzeihen, aber sagen sie einer Frau niemals, sie sei geschmacklos angezogen - bis an ihr Lebensende haben sie eine Feindin.
Männer nehmen das oft nicht ganz so ernst (?). Aber in *einem* Modebereich gab es schon oft böse Worte: *In der ewigen Fehde zwischen Bartträgern und Bartlosen*.
Hier sollte man allerdings polarisieren, denn Bartträger sind in dieser Hinsicht im Allgemeinen toleranter. Das mag mit Selbstvertrauen oder auch Stolz oder einfach nur mit Männlichkeit - wie auch immer - zu tun haben, die Unsachlichkeit und den Krieg führen jedenfalls meist die Bartlosen ins Feld.
Dazu nur ein paar Beispiele aus dem Repertoire dummer Sprüche:

> "Den hat man wohl mit der Banane aus dem Urwald gelockt"
> "Rübezahl", "Rasputin das Wunderschwein ..."
> "Weihnachtsmann" oder "Penner".

Dagegen habe ich noch nie einen bösen Spruch von Bärtigen über Bartlose gehört. Die Ausdrücke "Milchgesicht" oder "Babyface" sind ja wohl eher freundlich.

Mitunter wird einem Mann mit Bart unterstellt, es mangele ihm an Selbstvertrauen, oder er habe etwas zu verbergen.
Bei meinen Kontakten und Gesprächen mit Bartträgern habe ich dagegen immer wieder gefunden, dass sie keinesfalls etwas zu verbergen hatten, und an Selbstvertrauen mangelte es ihnen schon gar nicht.
Sehe ich dagegen die Intoleranz mit der Bartlose bisweilen daherkommen, könnte es vielleicht sogar umgekehrt sein.
Für mich imponierend ist immer wieder zum einen der Stolz, mit dem Bärte getragen werden, und zum anderen das Engagement vieler Männer und der Aufwand, dem sich die unterziehen müssen, die nicht nur etwas Kümmerliches mit sich herumtragen, sondern einen wirklichen Bart.
Bei meinen Recherchen habe ich sogar Bärte gesehen, die man als echte Kunstwerke bezeichnen kann.

Geschichtlich betrachtet, befinden sich Männer mit Bart in ausgezeichneter Gesellschaft. Die größten Wissenschaftler, die begabtesten Künstler, die besten Politiker trugen sehr häufig Bärte. Natürlich sind das nur Beispiele, und ganz sicher gibt es auch viele große Geister ohne Bart.
Z.B. war der Philosoph *Arthur Schopenhauer* (1788 - 1860) ein extremer Bartgegner, wie einige Zitate belegen (obwohl er selbst einen Backenbart trug)!

In meinem Buch versuche ich nun, vom alten Ägypten bis zur Jetztzeit, die Geschichte des Bartes zu skizzieren, und ihm den Stellenwert zuzuweisen, der ihm eigentlich schon immer gebührte - als einem Symbol der Männlichkeit.

[Abb.1] "Rasierkrieg"

Bärtige Persönlichkeiten der Geschichte

Otto Lilienthal
(1848 - 1896) [2]

Giuseppe Verdi
(1813 - 1901) [3]

Wilhelm II. [4]
(1859 - 1941)

Johannes Brahms
(1833 - 1897) [6]

Karl Marx (1818 - 1883) [5]

Karl V. [7]
(1500 - 1558)

Adolf Hitler [8]
(1889 - 1945)

Heinrich IV. [9]
(1553 - 1610)

Kapitel 2

Allgemeines (Entstehung/Fakten/Geschichte/Besonderheiten)

Der Bart ist das auffälligste sekundäre Geschlechtsmerkmal des Mannes. Das Barthaar entwickelt sich unter Einfluss männlicher Hormone bei beginnender Geschlechtsreife auf der unteren Gesichtshälfte.
Der Mann besitzt ca. 25000 Barthaare. Ein Haar ist nur 0,02 mm stark und besitzt die Festigkeit eines Drahtes. Je länger der Bart, desto weicher ist er. Mit der Farbe des Haupthaares ist das Barthaar nicht immer identisch.
Täglich wächst das Barthaar um ca. ½ mm. Würde sich ein Mann drei Jahre lang nicht rasieren, könnte er einen über 50 cm langen Bart haben. Ein 65jähriger Mann, der seit seinem 18. Lebensjahr täglich 8 Minuten zum Entfernen seiner Bartstoppeln aufwendet, hat 2287 Stunden oder 95 Tage, das wären über drei Monate, vor dem Spiegel zugebracht.

Schon oft hat man versucht, im Bart einen durch die Evolution entstandenen Vorteil zu finden.
In der Eiszeit sah man in ihm den Wärmeschutz des Mannes bei der Jagd. Dem widerspricht aber der ziemlich spärliche Bartwuchs der Eskimos.
Auch sollen tapfere Männer mit besonders üppigen Bärten ausgestattet sein. Diese Meinung klingt allerdings stark nach Hollywood-Klischee. Mit Erfindungen ist man dort nicht kleinlich, auch die Hörner der Wikinger gibt es erst seit Hollywood.
Alle Erklärungen, die man auch finden konnte, kamen über die Definition als hormonell bedingtes Geschlechtsmerkmal nicht hinaus.

[Abb.11]

Der Bart als Geschlechtszeichen mitten im Gesicht ist obszön.
Daher gefällt er den Weibern.

Schopenhauer

Die Entstehungsgeschichte des Bartes in Europa

Hugo Mötefind betrieb zu Beginn des 20. Jahrhunderts Studien über die Geschichte und Verbreitung der Barttracht. Er kam dabei zu dem Schluss, dass seit der kretisch-mykenischen Zeit Griechenlands (2. Jahrtausend v.Chr.) bis heute eine Bartform existiert, die *Bartfräse**, die stets wieder auftauchte, fast in jedem Jahrhundert vertreten war, und bei geringen Abweichungen mit der Urform fast identisch ist.

[Abb.12]

Mötefind weist nach, dass die einzelnen Barttrachten infolge Völkervermischung, hauptsächlich durch Einwanderer, zustande kamen.
Tatsächlich waren viele Bartformen, zunächst im klassischen Altertum über Vorderasien nach Griechenland gelangt, von wo aus sie sich weiter verbreiteten. In Vorderasien "hätten gewisse Reinlichkeitsvorschriften (Berührung des Bartes mit Speise und Trank) zur Ausbildung dieser eigenartigen Bartform geführt". Außerdem soll es ursprünglich, in engster Verbindung mit religiösen Anschauungen, eine symbolische Veranlassung gegeben haben. In den Folgezeiten wurde der Bart im Wesentlichen durch Modeerscheinungen geprägt, die meist über Kleinasien nach Europa kamen.
Bereits in der mykenischen Zeit Griechenlands gab es Vorschriften, wie und ob man einen Bart zu tragen hatte.
Aus dem 4. Jahrhundert ist von Plutarch - unter Berufung auf Aristoteles - aus Sparta die Nachricht erhalten, dass die Ephoren (Aufseher-Volksvertreter, die wichtigste staatliche Behörde in Sparta, deren Machtbefugnissen sich sogar Könige unterwerfen mussten) beim Antritt ihres Amtes jedesmal den Bürgern zu befehlen hatten, die Schnurrbärte zu rasieren. Die jungen Leute sollten sich mit dieser Vorschrift an Gehorsam auch in den kleinsten Dingen gewöhnen.
Die Bartfräse soll bereits im 1. Jahrhundert n.Chr. im Gebiet des heutigen Deutschlands vorgekommen und die älteste Bartform überhaupt sein.
Nachgewiesen ist sie ab dem 5. Jahrhundert bei einigen germanischen Stämmen.
Von Theoderich dem Großen (454 - 526) wird berichtet: "Er habe auf den Schläfen und auf dem Rande der Wangen einen Bart getragen, dagegen die Haare unmittelbar unter der Nase ihm täglich entfernt wurden". (Sidonius Apollinaris 430 - 484)
Im 7. Jahrhundert ist die Bartfräse bei den Angelsachsen nachweisbar, im 10. und 11. Jh. in Deutschland und England (Kaiser Heinrich III. 1039 - 1056).
Im 12. und 13. Jh. fanden sich keine Nachweise, aber im 14. Jh. (Kaiser Heinrich VII. 1308 - 1313) und im 15. Jh. (Kaiser Sigismund 1410 - 1437).
Um 1500 weisen Gemälde von Dürer und Grünewald die Bartfräse nach, und im 16. Jh. sieht man sie auf Gemälden von Cranach, Burgkmair und Altdorfer.

* Unter Fräse versteht man einen *unter* dem Kinn, von einem Ohr zum anderen, verlaufenden Bart.

Danach fehlen weitere Zeugnisse, bzw. sie sind auf die unteren Schichten (Bauern) beschränkt. Ab dieser Zeit wurde nachweislich die Fräse zur bäuerlichen Volkstracht, und zur Schiffer- oder Fischerkrause in Mittel- und Nordeuropa.
Im Cuxhavener Gebiet wurde sie als Schusterkrause oder Zimmermannsbart und in England in der ersten Hälfte des 19. Jh. von den Männern der Marine bevorzugt.
(Eine Vorschrift der englischen Marine war "Oberlippe und Vorderkinn zu rasieren" - als Grund für diese Vorschrift gab man an, "dass der Schnurrbart den Schall der Stimme dämpfe, was der Verständlichkeit der ausgerufenen Befehle hinderlich sei").

Bis in unsere Zeit ist die Bartfräse erhalten, vor allem an der Nordseeküste.
Im Wesergebiet wurde behauptet, sie "als Schutz gegen die Erkältung des Halses" zu tragen.
Im Mecklenburgischen ist sie bekannt als "Zimmermannsfrees" oder "-bort".
Auf Rügen wurde sie von den Maurer- und Zimmerleuten als "Timmermannsbart" oder "'ne Muurerfrees" getragen.

Auch in anderen Ländern, wie Schweden, Holland, Spanien, Frankreich, England, Österreich, war die Bartfräse nachweisbar.
Um die Mitte des 18. Jahrhunderts tauchte sie in Amerika auf und hielt sich bis in die 70er Jahre des 19. Jahrhunderts.
In der Kolonialzeit gelangte die Fräse durch die Europäer, vorrangig Spanier und Portugiesen, bis nach Afrika, Südarabien und dem Islam, vereinzelt auch nach Ceylon, Ozeanien und die Gazellenhalbinsel.
Heute ist die Bartfräse nur noch selten zu finden, andere Bartformen sind dominanter.

Markgraf Casimir von Brandenburg 1511 [13]

Bildnis des Bruders Jacob 1835
v. Günter Gensler[14]

Bartformen der Völker

Der Bart ist rassisch unterschiedlich entwickelt. Bei den verschiedenen Völkern haben sich z. T. eigentümliche Bartformen und Frisuren herausgebildet, die sich mitunter stilmäßig keiner Zeitepoche zuordnen lassen.
Auf Länge und Dichte des Bartes haben Klima (umstritten) und Rassenzugehörigkeit großen Einfluss.
Starker Bartwuchs ist kennzeichnend für die europide und australide Rasse.

Australischer Ureinwohner (Aboriginal) [15]

In Europa haben sich nur wenige besondere Bartformen herausgebildet.
Spezifische Bartformen sind z.B. bei den Türken Voll- und Schnurrbärte, streng nach Vorschrift des Islams gestutzt.
Die Ungarn sind bekannt durch ihre voluminösen Oberlippenbärte, die es bereits in der Geschichte zu großem Ansehen brachten. Die lang herunterhängenden Spitzen wurden mit Bartwichse gesteift.

Die Russen trugen, bedingt durch ihren starken Bartwuchs, zu jeder Zeit gern lange Vollbärte - im 16. und 17. Jahrhundert stets zu halblangem Haar. Üppige Schnurrbärte trugen sie zu kurzem römischen Haarschnitt. Im 18. Jahrhundert übernahmen sie die europäische Haar- und Bartmode.
Noch heute sind bei den Russen die vielfältigsten Bartformen zu finden.

Russischer Priester [16]

Alter Usbeke [18]

Mann am Fluss [17]

1551 erklärte die russische Kirche, dass kein Mann ohne Bart ins himmlische Königreich gelangen könne.

Bei den Indern sind es besonders die *Sikhs*, die ihrer Religion entsprechend, lange Vollbärte tragen.
Ihre Religion - eine Mischung aus Hinduismus und Islam - die ihnen gebietet, Kopf- und Barthaar nicht zu schneiden, geht auf den Anfang des 16. Jh. zurück.

Sikhs [19]

Die Empfehlung, sich an den Maßstäben der Sikhs zu orientieren, wäre sicherlich vermessen. Bei ihnen, zumindest bei den orthodoxen, gehört Bartpflege zur Religion, der Kamm und der Dolch zur rituellen Ausrüstung. Man erkennt die Sikhs an ihrem Vollbart und an ihrem Turban. Sie tragen ungeschnittenes Haar.
Eine Stunde verbringen sie morgens damit, Bart und Haar zu pflegen und zu rollen, den Turban zu binden und in der Heiligen Schrift zu lesen.
(Dafür kann es auch einmal passieren, dass ein Sikh vor Entsetzen und Empörung tot umfällt, wenn ihn ein Zeitgenosse am Barte zieht).

Wolfgang Stier (WM der Bärte 1995)

Bei vielen Völkern heißer Klimazonen fehlt z. T. jegliche Behaarung. Indianer sind meistens bartlos.
Schwachen Bartwuchs findet man bei den mongoliden Rassen (Chinesen, Japaner) und der negriden Rasse.
Ausnahmen dabei sind die mittel- und südafrikanischen Neger.
Auch die Papuas sind mit reichlichem Bartwuchs gesegnet.

Krieger vom Stamm der Sipaka (Papua-Neuguinea) [20]

Chinesischer Moslem in Turfan (chin. Oasenstadt/Region Xinjiang-Uygur) [21]

Käm's auf einen Bart bloß an, als ein Muster der Weisheit zu gelten,
ging als ein Plato durchs Ziel jeglicher zottige Bock.

Lukian (um 150)

Auch beim Militär gab es in vielen Ländern in Bartangelegenheiten eigene Vorschriften. Bis zum ersten Weltkrieg galt in Europa:
in Deutschland - der ausgezogene Schnurrbart
in Österreich - Kotelettenbart mit ausrasiertem Kinn
in Frankreich - Knebel- und Spitzbart, ähnlich dem Henri-quatre-Bart
in Italien - der Viktor-Emanuel-Bart
in England - der bis 1840 untersagte Schnurrbart
Ausnahme war die Preußische Garde, die das Kinn stets rasiert trug.

Bedeutung - Ansichten - Wandel

In der Geschichte spielten Haar- und Barttrachten als Attribut der männlichen Eitelkeit stets eine wesentliche, doch wechselhafte Rolle.

Dass unsere bärtigen Vorfahren heute offenbar weiser erscheinen, ist kaum zu leugnen.

[Abb. 22]

Ursprünglich wurde bei den meisten Völkern der Bart als Beweis der Kraft, bei älteren Männern als Zeichen von Weisheit und als Zierde des Mannes betrachtet. Er wurde daher auch sorgfältig gepflegt und mitunter für heilig erklärt. Seine unehrerbietige Berührung oder gar das Entfernen galten als Schimpf oder Strafe, als Verlust der Ehre und als Zeichen der Unfreiheit.
Den Slawen und orthodoxen Würdenträgern war der lange und üppige Bart heilig. Je fülliger der Bart, desto größer das Ansehen.
Der Geistlichkeit wurde der Bart mal streng verboten, dann wieder erlaubt.

Bärtige Männer verschiedener Völker

Jalal Talebi (Iraner) [23]

Algerier [24]

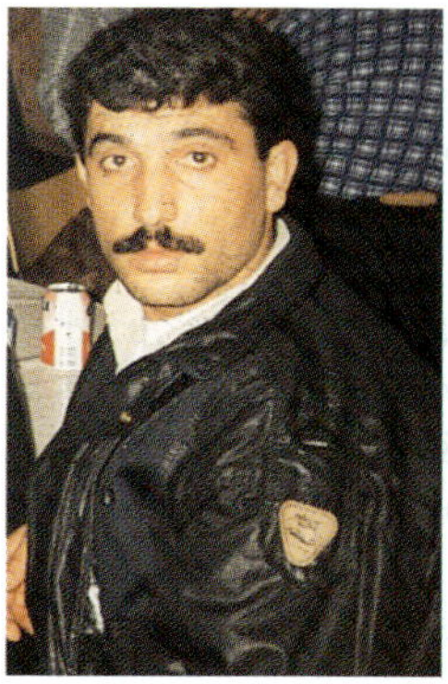

Türke [25]

Maharishi Mahesh Yogi
(Inder) [26]

Jonathan Akpoborie (Nigerianer) [28]

Jassir Arafat [27]

Oft stand das Haar auch im Mittelpunkt magischer Beschwörungen.
In vielen Indianerstämmen bestand der Glaube, die Seele würde in den Haaren wohnen.
Bei Schwüren wurden Bärte berührt. Man schwor beim Barte! In der Antike hatte der Ausruf: "Bei meinem Barte!" eine ähnliche Bedeutung wie der Schwur: "Bei meinem Leben!"
Im Orient ist ein häufiger Spruch: "Beim Barte des Propheten".
Bärte waren oft heilig - denn Gott trug einen langen Bart. Es war unvorstellbar - ein Gott mit glattrasiertem Gesicht.
Auch die alten mythischen Muttergottheiten wurden mit Bart dargestellt, da sie so bedeutender wirkten. Es gab eine bärtige Märtyrerin, die heilige Wilgefortis, eine Jungfrau, die den Kreuztod starb (Morris).

Aus Nachlässigkeit und Verzweiflung ließen sich Männer Bärte wachsen, aus Trauer und Schmerz das Barthaar schneiden. In früheren Hochkulturen waren Haaropfer und Barthaar ausraufen keine Seltenheit.
Juden und Griechen zerzausten sich den Bart und rissen sich die Barthaare bei Schmerz und Trauer aus.
"Der Mensch opferte einen Teil seiner Haare in Liebesangelegenheiten, bei Hochzeiten, Geburt und Tod und immer dann, wenn er sich der Macht der Götter und Dämonen ungeschützt ausgesetzt fühlte. Mit dem Haar opferte er einen Teil seiner selbst, als Symbol für das Ganze und erhoffte sich dadurch den Schutz der guten Geister" (P.M.).

Der Verlust des Bartes war oft eine schreckliche Tragödie und eine schmähliche Strafe für besiegte Feinde. Glattrasiert war eine Schande.

Besser den Bart verlieren als den Kopf.

[Abb. 29]

Auch zu Vergleichen wurde der Bart herangezogen:
Die Geschichte oder der Witz hat einen langen Bart, "Das lügt er in den Bart hinein", "Bart ab!" soviel wie kurzen Prozess machen, "Rauschebart" für einen sehr alten Mann, "Schmusebart" für einen zärtlichen Mann. Selbst das Wort "bärtig" ist positiv besetzt, es klingt rauh aber gutmütig, während "bartlos" sich eher wie ein Mangel anhört.
Der Bart wurde geliebt, geehrt aber auch verachtet und sogar verboten.
Bart war Ausdruck von Weltanschauung und politischer Gesinnung, der Lebensfreude und Frömmigkeit, der Freiheit, Weisheit, Stärke, Standeszugehörigkeit, der Klassenunterschiede und nicht zuletzt der Mode.
Wobei der Begriff *Mode* nicht immer die Bedeutung hatte wie heute. Der Mensch verstand in früheren Zeiten darunter vor allem Haar- und Barttrachten, die wandelbarer waren als die Kleidung.

In allen Zeiten trug ein bestimmter Teil der Gesellschaft Bärte, während ein anderer sich rasierte. So entstanden Meinungen und oft auch Vorurteile wie:
der bärtige Künstler, (ungebärdige und widerspenstige Bärte spiegelten mangelnden Respekt ihrer Besitzer vor gesellschaftlichen Konventionen wider),
der bärtige Seemann (Bart als Schutz vor rauher See),
der bärtige Krieger (typisch gestutzte Bärte, allgemein herrisches Auftreten),
der bärtige Hippie (aggressiv dominierende Männer oder ungezähmte Wirrköpfe) - als besondere Typen einer vorwiegend glattrasierten Gesellschaft.
Manchmal wurde der Bevölkerung auch vorgeschrieben, ob und wer Bärte tragen durfte.
So in England, als schon in der elisabethanischen Ära Bartträger mit einer Steuer belegt werden sollten (ab drei Shilling im Jahr). Auch Peter der Große (1672-1725) führte in Russland zeitweilig eine Bartsteuer ein. (→ S. 29)
Dadurch war der Bart der oberen Klasse vorbehalten und wurde somit zum gesellschaftlichen Statussymbol.

Die Rasur

Alles Behaartsein ist tierisch. Die Rasur ist das Abzeichen höherer Zivilisation.
Schopenhauer

"Unklar ist, wann unsere Ahnen es satt hatten, dass ihnen ihre Vollbärte ständig ins Feuer hingen oder sie bei der Arbeit behinderten. Fest steht nur, irgend jemand griff sich schließlich einen scharfen Stein - die Rasur war erfunden" (P.M.).
Nach Überlieferungen schaben sich Männer seit ungefähr 7000 Jahren die Barthaare aus dem Gesicht.

Bei Ausgrabungen fand man aus der späten Bronzezeit halbmondförmige Rasiermesser (Bronzezeit in Europa 1800-750 v.Chr.).
Aus dieser Epoche in Mittel- und Nordeuropa fand man Rasiermesser, auch Pinzetten aus Bronze und Eisen, die der Bartpflege gedient haben dürften.
Das früheste Beispiel des Rasierens wurde als der Wunsch gedeutet, sich einem Gott zu unterwerfen. Junge Männer opferten ihre Bärte den Göttern zum Zeichen treuer Ergebenheit. Priester nahmen ihre Bärte als Symbol der Erniedrigung ab.
Sicher bekannt ist das Scheren des Bartes seit Nebukadnezar II. - Babylonierkönig (605-562 v.Chr.).

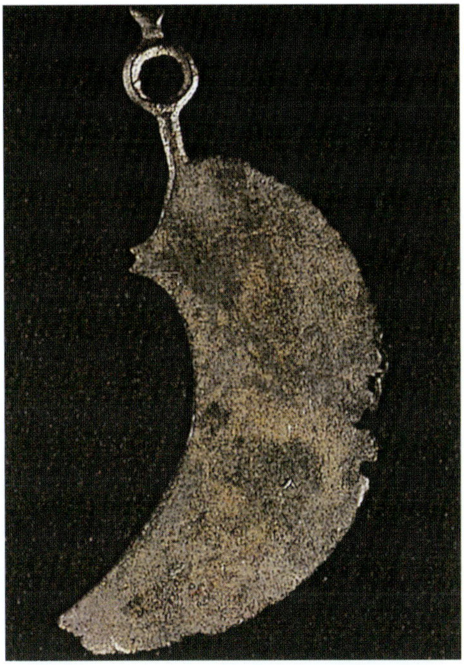

Rasiermesser aus der Bronzezeit [30]

Von den Griechen übernahmen es die Römer und machten es in ihrer Zeit zur Mode. In Griechenland und Rom wurde das Rasieren ursprünglich als ein militärischer Brauch eingeführt.
Die römischen Soldaten mussten ihre Bärte abrasieren, damit sie besser zu erkennen waren und sich von den Eindringlingen, den bärtigen Barbaren, genauer unterschieden. Außerdem war es auch eine Frage der Hygiene in Kriegszeiten.

Alexander der Große (356-323 v.Chr.) soll seinen Soldaten befohlen haben, sich die Bärte abzurasieren, um im Nahkampf bessere Chancen zu haben, auch um von ihren Gegnern nicht an den langen Bärten gezogen werden zu können, was als Schmach galt.
Eigenschaften, wie Treue oder Rebellion, konnte man durch das Vorhandensein oder Nichtvorhandensein von Bärten ausdrücken.
Auch unter Kaiser Augustus (63 v.Chr.-14 n.Chr.) und Konstantin dem Großen (280-337) waren die Römer fast immer bartlos.

In den darauffolgenden Jahrhunderten war der Durchschnittsmann meist rasiert, dennoch gab es ein stetes Auf und Ab von glatten Kinnpartien und rauschenden Vollbärten.

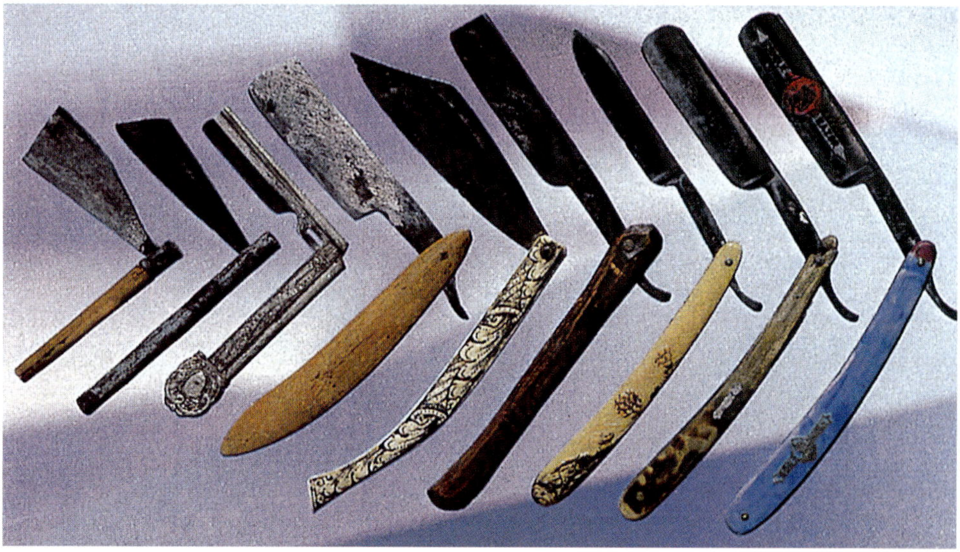

Die Entwicklung des Rasiermessers [31]

Nicht selten galt der Bart als Symbol für Potenz, Macht, Würde und Unabhängigkeit, deshalb demütigte man seine Feinde, indem man ihnen den Bart abnahm.
Um 1000 v.Chr. nahmen die Ammoniter den Gesandten des Königs David nicht nur Geld und Begleiterinnen ab, sondern auch das Barthaar, was in einem blutigen Rasierkrieg endete, der vielen tausend Soldaten das Leben kostete.

Am Bart des Toren lernt der Barbier rasieren.
(Spanien)

In altem Aberglauben unterwirft sich einer der Gewalt dessen, der ihm das Barthaar raubte, wie noch heute in alten Sagen und Märchen erzählt wird.
In "Schneeweißchen und Rosenrot" wird der böse Zwerg nur befreit, indem er sich einen Teil des Barthaares abschneiden läßt. Damit aber verliert er auch einen Teil seiner Kraft.
Ende des 14. Anfang des 15. Jh., als die Seifenproduktion einsetzte, etablierte sich der Berufsstand des Barbiers. Bis dahin wurde nur trocken mit dem Rasiermesser rasiert.
In dieser Zeit zog der Barbier von Haus zu Haus, mit Messer, Schleifriemen, Schleifscheibe und Schemel. Meist wurde auf der Straße rasiert. Der Barbier, der über eine Badestube verfügte, versah auch ambulante medizinische Dienste.
Gegenüber seinem ihm hilflos ausgelieferten Kunden unter dem Frisierumhang besaß er eine gewisse Macht. Das gab ihm Überlegenheit im Vergleich zu den anderen Berufen. Auch über alle Stadtneuigkeiten war er bestens informiert, eine "wandelnde Zeitung".
Der Philosoph Schopenhauer war gegenüber dem Barbier so voller Misstrauen, dass er bei jeder Rasur fürchtete, mit aufgeschlitzter Kehle zu enden.
Trotzdem war er ein ausgesprochener Bartgegner. Wie kein anderer Denker seiner Zeit war er der Meinung, die Rasur sei eine Pflicht für jeden zivilisierten Mann.

Bereits der Zar Peter der Große (1672-1725) fand es unzeitgemäß, dass Männer mit langen Bärte umherliefen. Er wollte die russische Männerwelt modernisieren.
Der Zar fing damit bei den Bärten der Bojaren an. Er forderte sie auf, sich den Bart scheren zu lassen. Allen Nichtbauern verbot er das Tragen eines großen Vollbartes. Schließlich führte er eine Bartsteuer ein. Wer mit einem Vollbart durch die Tore der Stadt wollte, musste ihn versteuern.

Der Stich zeigt die gewaltsame Entfernung eines Bartes auf Anweisung des Zaren.
[33]

Die Münze bewies, dass die Bartsteuer bezahlt war. [32]

Heute rasieren sich viele Männer täglich - doch es gibt zwei Gruppen von Ausnahmen: Zum einen die Elite der Nichtrasierer, das sind die, die ihren Bart außerordentlich pflegen und zum anderen die weniger gepflegten Exemplare.

Dazu zählen nicht nur die, die es mit der Körperpflege nicht so genau nehmen - auch solche soll es geben - sondern auch die gar nicht so seltene Gruppe der Wochenendbärtigen, die ihrer Frau und ihren Kindern Sonnabend und Sonntag ein nicht sehr ansehnliches Stoppelgesicht zumuten. Ab Montag im Büro oder Betrieb sind sie dann wieder bartlos. Solche Typen sind natürlich keine echten Bartträger.

Mitunter wird behauptet, der rasierte Mann scheine kommunikativer, da sein Gesichtsausdruck besser zu erkennen sei, ließe ihn zugleich aber auch femininer erscheinen. Überzeugte Bartträger finden hier ihren Ansatzpunkt über die Glattgesichter zu spotten.

Psychologischen Untersuchungen zufolge sollen Männer, die sich nass rasieren, bessere Liebhaber als die Trockenrasierer sein, denen wohl die Aura der Gefährlichkeit fehlt.

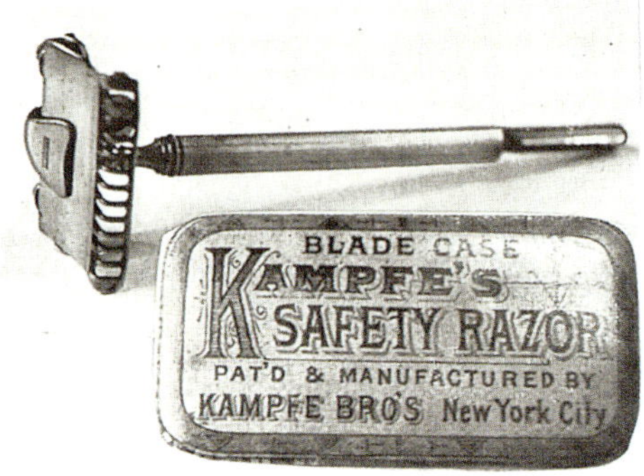

Einer der ersten patentierten Rasierapparate mit Klingenkapsel (1880 USA) [34]

Nassrasierset [35]

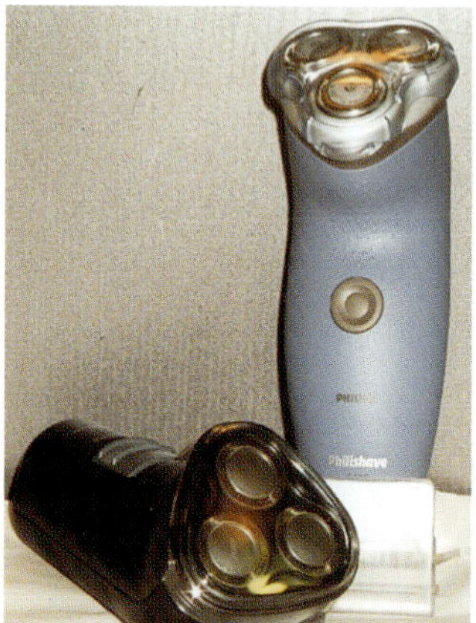

Philips Trockenrasierer [36]

Damenbart

Nach Überlieferungen soll es in allen Jahrhunderten Frauen gegeben haben, die mit mehr oder weniger starkem Bartwuchs ausgestattet waren.
Mit Hilfe moderner Enthaarungsmittel und kosmetischer Behandlungen muss heute keine Frau mehr mit behaartem Kinn umherlaufen.
Vor allem deshalb sind bärtige Frauen heute eine große Seltenheit geworden.
Von der berühmtesten Dame dieser Art aus der viktorianischen Zeit wird berichtet, sie hätte, abgesehen von ihrem Kinn, eine "glatte, schöne Haut".

In verschiedenen Religionen wurden auch Frauen mit Bart dargestellt. Selbst die christliche Kirche hatte ihre bärtige Jungfrau Wilgefortis (→ S. 25).

Vor noch nicht allzu langer Zeit war die *Dame mit Bart* eine Attraktion auf Jahrmärkten.

Miss Annie Jones-Elliot
um 1865 in Virginia die
" Esau - Dame "
[37]

Anzeige:

☞ **Damenbart** ☜

Arm- u. Körperhaare beseit. einzig u. allein sicher f. immer d. Töten d. Wurz. mein ärztl. warm empf. absol. unschädl. Haarvert.-Mitt. "Perfect". Jegl. Haarwuchs verschwin. b. einf. ästhet. Selbstanwendg. unfehlb. in 5 Min. sonst Geld zur!

Kein Risiko! Preis 4 M. geg. Nachn.

Allein. Fabrik. Walt. Kroll, Elberfeld 28, Island 7.

Die Pharaonen-Königin Hatschepsut trug zur Demonstration ihrer Macht sogar einen falschen Bart.

Königin Hatschepsut
(um 1480 v.Chr.) [38]

Falsche Bärte

Seit Menschen Theater spielen und sich verkleiden, um in andere Rollen zu schlüpfen, solange gibt es falsche, bzw. künstliche Bärte und Haare.
Darüber, dass es nicht nur echte, gewachsene Bärte gibt, sondern auch falsche, wundert sich heute niemand mehr, denn die meisten Menschen konnten sich bereits im Theater davon überzeugen.
Wie sollte jemals ein junger Mann einen alten darstellen, hätte er nicht als Hilfsmittel einen (grauen) Bart zur Verfügung.
Seit es Maskenbildner gibt, früher Theaterfriseure, versteht es sich von selbst, dass Darsteller mit perfekten, fast echt erscheinenden Bärten ausgestattet werden. Bärte werden in jeder beliebigen Form und Farbe aus echten oder künstlichen Haaren nach einer entsprechenden Vorlage angefertigt. Einzelne oder unterschiedlich viele Haare werden auf Tüll oder Gaze geknüpft.

Selbst im Guinness-Buch der Rekorde ist eine solche Bartarbeit gemeldet. ...der größte Bart der Welt, angefertigt von Jean-Pierre Lorand, einem Maskenbildnerlehrling aus Belgien.
296 Stunden und 20 Minuten brauchte er zur Fertigstellung des Bartes.
60 000 Knoten wurden geknüpft mit jeweils 17 Haaren von 15 cm Länge.
Insgesamt wurden 1 020 000 Haare verarbeitet. Hintereinander angeordnet würden sie eine Gesamtlänge von 153 km ergeben. Der Bart ist einen Meter lang und einen Meter breit. Er wurde unter Aufsicht von drei Zeugen handgeknüpft und der Rekord notariell beglaubigt.

Sogar vor tausenden von Jahren gab es schon falsche Bärte, denn in Amtsgeschäften trugen bereits die alten Ägypter welche und spätestens seit dem Mittelalter gab es in Europa Barbiere, die sich darauf verstanden, künstliche Bärte zu fertigen.
In Paris bestand seit 1665 eine Perückenmacherinnung, die künstliche Bärte und Perücken fertigte.

Aber es gab auch gegensätzliche Meinungen:
1351 ließ der König von Spanien ausdrücklich verbieten, falsche Bärte zu tragen. "...dass niemand einen falschen oder künstlichen Bart zu tragen oder zu fertigen wage", hieß es.

Das Umhängen von Bärten ist heute kein seniles Problem mehr, sondern Jugendstil.
Prof. Dr. Schwarz (Psychiater)

Theater - Bärte

Heinz Petters [39]

Bernhard Brunko [40]

Milko Milev [41]

Wolfgang Lindner [44]

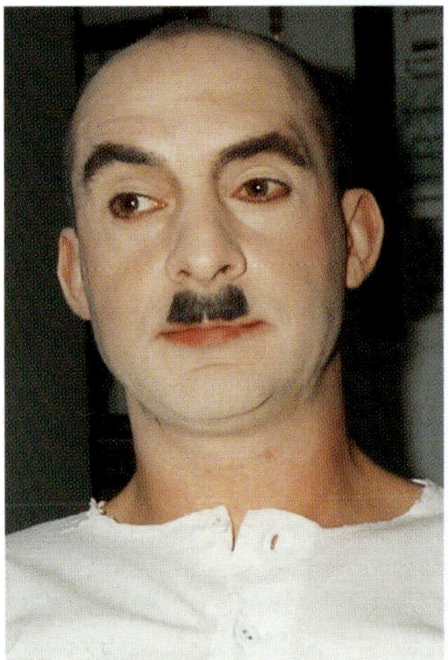

Karl Karli-czek [42]

Heinz Petters [43]

Der bekannteste falsche Bart ist ganz gewiss der *Weihnachtsmannbart.*
Der moderne Weihnachtsmann ist eigentlich eine Vermischung von zwei Personen, die aus völlig verschiedenen Welten und Zeiten kamen, nämlich dem Nikolaus - Bischof von Myra, der im 4. Jahrhundert lebte, und dem Nikolaus von Sion - Bischof zu Pinara, der im 5. Jahrhundert lebte.
Viele Heiligenlegenden ranken sich um die Taten der beiden Nikolause. Sie waren die Basis unseres heutigen Weihnachtsmannes.
Der eine Nikolaus soll drei Jungfrauen beschenkt haben, die in Nöten waren, der andere soll drei Jünglinge, die schon tot waren, wieder zum Leben erweckt haben.
Aus beiden Legenden leitet sich der Brauch des Beschenkens ab. Erst im 19. Jahrhundert wurde aus dem Nikolaus der Weihnachtsmann. Während Pelz, Stiefel und die Rute von Ruprecht (dessen Ursprung wiederum auf eine Zeit unserer germanischen Vorfahren zurückgeht, die an böse winterliche Dämonen und Geister glaubten) übernommen wurde, hat der Weihnachtsmann Geschenke und Bart vom Nikolaus bekommen.

Seither trägt der Weihnachtsmann einen langen weißen Vollbart und gehört zur Tradition des Weihnachtsfestes.

Unbekannte raubten den Heiligen Bart

In Amsterdam traut sich St. Nikolaus nur noch unter Polizeischutz auf die Straße. In der niederländischen Hauptstadt wurden in der Voradventswoche zwei Nikolause überfallen und ihrer Bärte beraubt.
Die Polizei hat besonderen Schutz zugesagt, denn ein Nikolaus kann sich schließlich nicht unter den Augen von Kindern mit Ganoven herumprügeln.

[Abb. 45]

Bartpflege

Lange Haare und langer Bart bedürfen notwendigerweise einer besonderen Pflege. Deshalb verbringt auch ein Mann viel Zeit damit, seinem Barthaar die entsprechende Fürsorge angedeihen zu lassen.
Früher überließ er das häufig dem Barbier. Erst als der elektrische Rasierapparat in Mode kam, griff der Mann wieder verstärkt in die Pflege seines Bartes ein.
Vom einfachen Wachsenlassen bis zur akribischen Feinarbeit, trocken oder nass bis zum Kunstwerk, ist die ganze Palette vertreten.
Die meisten Männer lassen es sich heute nicht nehmen, ihren Bart höchst eigenhändig zu stutzen, zu formen und zu gestalten, nur wenige überlassen es dem Fachmann. Aber auch Ehefrauen oder Freundinnen fühlen sich mitunter kompetent, ihren Männern "um den Bart zu gehen".

Wie populär der Bart wieder ist, ersieht man daran, dass heute mehr als ein Drittel aller Männer über 20 wieder Bart trägt und sei es nur ein 3-Tage-Bart.
Wer allerdings seinen Bart überhaupt nicht stutzt, kann erleben, wie dieser zu dramatischen Proportionen heranwächst.
Der Mann wirkt dadurch weniger freundlich, ja mitunter sogar bedrohlich.
Zum Beispiel könnte ein Kinnbart die feindselige Wirkung des aggressiv hervorgereckten Kinns eines zornigen Mannes noch unterstreichen, zumal das Barthaar steifer und krauser ist als das Kopfhaar und demzufolge auch stärker vom Gesicht absteht.

Bartträger werden es bestätigen, für die Bartpflege braucht man schon erheblich mehr Zeit als für die tägliche Rasur. Dabei kommt es natürlich darauf an, was für einen Bart der Mann trägt und wieviel Augenmerk er darauf verwendet.
Männer, die ihren Bart einfach so wachsen lassen, wie er wächst, und davon gibt es nicht wenige, werden selbstverständlich zu dessen Pflege weitaus weniger Zeit benötigen.
Meist sind das gerade die Männer, die sich einen Bart aus Bequemlichkeit zulegen, weil sie wenig Lust verspüren, sich ständig zu rasieren, was sie oft auch ohne Umschweife zugeben.
Auch bei körperlich schwerer Arbeit können Bart und langes Haar stark hinderlich sein. (Daher ist es auch nicht weiter verwunderlich, dass schon Sklaven und Unfreie in unserer Vorzeit Bart und Haar kurz trugen bzw. rasiert waren. Deshalb galt in dieser Zeit der Bart sicher als Zeichen des freien Mannes).

Bei der täglichen Gesichtsreinigung wird der Bart mitgewaschen, mit dem Handtuch angetrocknet und etwas in Form gebürstet - das ist oft schon fast alles. Ab und an benötigt man noch eine Schere und einen Rasierer, um wenigstens die Bartspitzen alle ein bis zwei Monate einmal zu verschneiden (stutzen).

Wer seinem Bart aber mehr Pflege angedeihen lassen will, bringt ihn in eine entsprechende Form, die mit Ausrasieren überflüssiger Haare zu einer bestimmten Bartform beginnt.
Da gibt es viele Möglichkeiten, angefangen von Koteletten über Backenbart zum Kinn- oder Vollbart. Oder man entscheidet sich nur für einen Oberlippenbart. Es gibt dabei die verschiedensten Bartkombinationen. Anregungen kann man sich auch bei Vorbildern in der Geschichte holen.
Hat man sich einmal entschieden, wird das Barthaar getrimmt - mit Brennscheren, Brennzangen, Lockeneisen, Barteisen, Frisierschaum, Gel und Haarspray.
Es wird gefärbt, getönt, gelockt, gekräuselt, gestärkt, geölt, gewachst, gezwirbelt, geföhnt, gestylt und parfümiert, um die perfekte Form zu erreichen.
Da wird keine Zeit, keine Mühe, kein Mittel gescheut - allein das Ergebnis zählt.
Zu besonderen Gelegenheiten kann der Bart auch noch mit Goldstaub überpudert, oder wenn er lang genug ist, mit Perlen, Gold- oder Silberfäden durchflochten werden, wie es bei den alten Babyloniern, Syrern und Persern modern war.
Der Phantasie sind keine Grenzen gesetzt.
Und wer dann so einen Prachtbart sein Eigen nennt, der möchte ihn natürlich auch zeigen und bewundert sehen.

Hierfür gibt es dann die Treffen der organisierten bärtigen Männer aus aller Welt, die bei Bartmeisterschaften um den schönsten und vollendetsten Bart ringen.

Die kahle, doch struppige patriarchalische Gestalt mit der gewaltigen Stirn, den weißen Haaren und dem wallenden weißen Bart, macht immer noch Eindruck.
Morris

Der moderne Bart

Zu allen Zeiten ließen sich Männer Bärte wachsen und lenkten so die Blicke, vor allem der Damenwelt, auf sich.

Die meisten Bärtigen in der heutigen Zeit sind Männer, die ihren Bart zur eigenen Erbauung tragen und unter anderem hoffen, der Aufmerksamkeit des anderen Geschlechts nicht zu entgehen. (Diese Hoffnung beseelt allerdings in gleichem Maße auch die Bartlosen).
Für andere wiederum ist der Bart ausschließlich Ausdruck der Männlichkeit - wobei diese Meinung von der Damenwelt oft geteilt wird.
Da die Herrenmode in manchen Zeiten weniger erlesen war als die Damenmode, ist es nicht weiter verwunderlich, dass Männer ihren Bart auch als Modeattribut einsetzen.
Selbstverständlich war der Bartwuchs nicht immer nur Ausdruck der Mode, sicher spielen dabei noch andere Faktoren eine Rolle.
Männer werden geprägt durch die Erziehung in der Familie und Schule, durch Religion, Tradition und Umwelt.
Das Bartverhalten der Männer ist somit stark von der Kultur abhängig, in der sie leben.

Was bedeutet der Bart heute für viele?

Ist er vielleicht nur ein Überbleibsel aus grauer Vorzeit, aus dem tierischen Stadium des Menschen - (Resthaar vom Affen ? Erwin Strittmatter) - und drückt auch heute noch Imponiergehabe des männlichen Wesens gegenüber dem weiblichen aus?
Oder gibt er dem Mann heute ein neues - vielleicht für sein manchmal beschädigtes Ego notwendige Gefühl der Stärke gegenüber der sich mehr und mehr emanzipierenden Frau?
Viele Männer aller Altersstufen wollen ihrem Gesicht mit einem Bart sicher einen anderen Ausdruck verleihen.
Die erwünschten Ziele sind gewiss sehr unterschiedlich.
Bart tragen heißt für viele, männlicher, älter, reifer, interessanter aussehen zu wollen. Vielleicht wild, abenteuerlich, grimmig, aggressiv oder böse - oder ungeheuer erotisch !
Der Bart unterstützt zugleich seine Individualität gegenüber den Glattgesichtern.
Man kann mit Bart aber auch würdig, weise, väterlich, oder liebenswürdig erscheinen. Sicher spielen auch Vorbilder und Idole eine bewusste oder unbewusste Rolle.

Die Lösung kann allerdings auch ganz einfach sein:

Viele Männer gefallen sich bärtig eben besser als glatt.

Prominente Bartträger

Chuck Norris [46]

Placido Domingo [47]

Raymond Burr
"Perry Mason" [48]

Luciano Pavarotti [49]

Sean Connery [50]

Peter Steiner "Cool Man" (re.) mit dem Sieger des 12. Internationalen Alpenbarttreffens 1997, Eugen Schumacher [51]

Indem sich Männer einen ganz speziellen Bart wachsen lassen, der das Gesicht, den Typ prägt, ihm das gewisse Etwas gibt, unterstreichen sie ihre persönliche Note.

Aber es gibt auch Männer, die sich hinter ihrem Bart verstecken. Sie tragen einen Bart, um, wie sie selbst sagen, Unzulänglichkeiten zu überdecken. Bei dem einen ist es die Nase, die zu groß ist, was durch einen Oberlippenbart kompensiert wird, bei dem anderen soll das Doppelkinn unter einem Vollbart versteckt werden.

[Abb. 52]

Der Umstand, dass ein rasierter Mann mitunter ”weiblich” aussieht, hat schon oft den Spott der Bärtigen wachgerufen.

John Bulwer (17. Jh.) schrieb:
”Wieviel schimpflicher noch ist es, in der Glattheit des Gesichtes jenem schwachen Geschlecht zu ähneln.”

”Der Bart ist eine einzige Gabe und jener, der ihn abrasiert, hat es auf nichts anderes abgesehen, als weniger Mann zu sein” (Morris).

Ich finde kein Vergnügen im Bartputzen und weder Ästhetik noch Verdienst in einem glatt gebohnerten Gesicht.

Gottfried Seume

Teil 2

5000 Jahre Bart -

und kein bisschen älter

***E**s verdrießt den Alten, dass man ihn am Barte zupft.*

Kapitel 3

Ägypten

Statue Ramses II. [53]

ÄGYPTEN

Das Alte Reich	3000 - 2200 v.Chr.
das Mittlere Reich	2050 - 1750 v.Chr.
das Neue Reich	1550 - 1100 v.Chr.
Spätzeit	715 - 332 v.Chr.

In 3000 Jahren herrschten 31 Dynastien.

Sarg eines Priesters (um 550 v.Chr.) [54]

Bereits 3000 v.Chr. war Ägypten ein mächtiger Klassenstaat, an dessen Spitze der Pharao als Götterkönig stand.
Ägypten war auch eines der ältesten Kulturvölker, nicht zuletzt durch den Einfluss fremder Kulturen, der durch Raubkriege (Sklaven) und Handel - bis nach Syrien und Palästina - auftrat.
Im Neuen Reich - 1500 v.Chr. - war Ägypten führende Großmacht im Mittelmeerraum. Machtkämpfe zwischen dem Pharao und seinen Beamten und Gouverneuren, sowie der steigende Einfluss der Priesterschaft und die Aufstände der Unterdrückten, führten zum Zerfall der Zentralgewalt und zur Unterwerfung durch andere Staaten.
671 v.Chr. wurde Ägypten von der assyrischen Großmacht erobert und blieb bis 663 v.Chr. assyrische Provinz.
Im Jahre 332 v.Chr. fiel Ägypten kampflos an Alexander den Großen.

Kultur und Technik

Beachtlicher Stand von Arithmetik und Geometrie, Berechnung monumentaler Bauwerke - Bootsbau, Schiffahrt auf dem Nil
Astronomie - Das Jahr wurde in 12 Monate zu je 30 Tagen eingeteilt, die Zeit mit Wasser- oder Sonnenuhren gemessen, ein Schattenstab diente der Stundenmessung.
Hochentwickelte Heilkunde
Aus Papyrosstauden wurde Papier hergestellt, die erste Schrift entstand (Hieroglyphen).
Der aus der Religion entstandene Totenkult führte zur Entstehung großartiger Kunstwerke.
Man glaubte an ein Weiterleben nach dem Tode, deshalb wurden die Leichen einbalsamiert.

Persönlichkeiten

Ca. 2750 v.Chr. ließ der Pharao Cheops die nach ihm benannte Pyramide errichten.
Amenophis IV. (Echn-Aton) (1362-1346) schaffte die Götterwelt ab, es galt nur noch ein Gott (Monotheismus).
Sein Nachfolger, Tut-Ench-Amun (Sohn des Echn-Aton und Kija) gelangte 9jährig auf den Thron und kehrte zur herkömmlichen Götterverehrung zurück. Grabfunde aus dem Tal der Könige zeigen Tut-Ench-Amun mit seiner Totenmaske aus Gold.
Die berühmtesten Pharaonen vor dem Untergang des ägyptischen Reiches waren:
Ramses II. (1290-1224 v.Chr.) und
Ramses III. (1196-1165 v.Chr.).

Ramses II. [55]

Goldmaske des Tut-Ench-Amun [56]

Perser, Babylonier und Assyrer

Um 1000 v.Chr. verlor Ägypten seine Unabhängigkeit - die Perser nahmen es in Besitz.
745 v.Chr. - Gründung des Assyrischen Weltreiches
Priester galten als Beschützer des Staates und besaßen die politische Macht.

Die Assyrer und Babylonier wurden bekannt durch ihre Befestigungs- und Mauerbauten, umfangreiche Bewässerungssysteme, Wasserleitungen und Kanalisation.
Unter ihrem Kulturkreis entstand die Keilschrift, die Einteilung der Woche in sieben Tage, die Benennung der Tage nach Sonne und Mond, auch die Entwicklung einer Zahlentheorie.
Sie bauten mehrgeschossige Wohnhäuser, Tempel und Paläste aus gebranntem Lehm, die mit glasierten, bunten Keramikplatten verziert wurden.
Auch Goldschmiedearbeiten aus dieser Zeit beweisen ein hochentwickeltes Kunsthandwerk.
Viele ihrer religiösen Mythen wurden später von den Christen übernommen.

Haar- und Bartmode

Von den Priesterärzten war kurzes Haar vorgeschrieben. Die Pharaonen trugen Perücken, darunter kahlgeschorene Köpfe.
Der ägyptische Mann war eher bartlos.
Für den Pharao jedoch war zu repräsentativen Anlässen Bart tragen Pflicht (falsche Bärte).

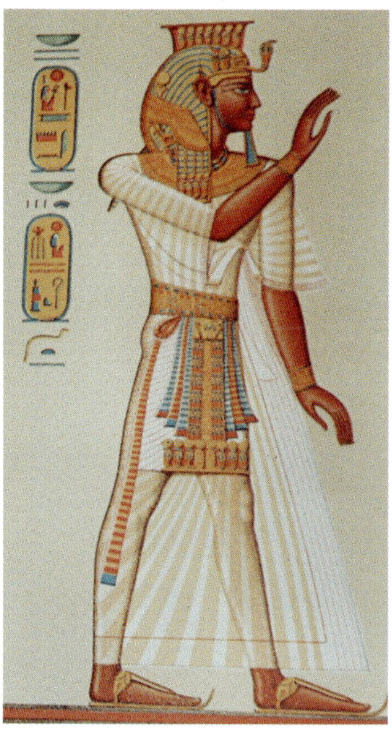

Ramses III. (1193 - 1162) [57]

Körperpflege

Man kann davon ausgehen, dass für einen wohlhabenden Ägypter das morgendliche Bad mit parfümierten Ölen und Salben sowie die anschließende Massage zum Tagesablauf gehörten.
Der Pharao selbst war geschminkt mit einer gelblichen Gesichtsfarbe, grünen Augenlidern, schwarz nachgezogenen Lidrändern und einer fein nachgezogenen Lippenkontur. Die Augenbrauen waren schwarz geschminkt und schmal ausgezupft. Lästige Körperhaare wurden durch eine geheimnisvolle Mixtur beseitigt.

Perser, Babylonier und Assyrer

Assyrischer Oberpriester
Assyrischer König [58]

Speerträger aus Susa
(um 500 v.Chr.) [59]

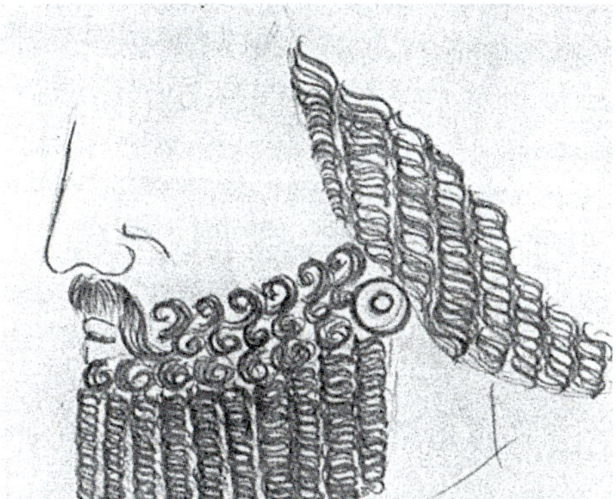

Perser (485 - 460) [60]

Assyrer (um 1200 v.Chr.) [61]

Bartspezifisches

Den Ägyptern und Assyrern diente der Bart als äußeres Mittel zur Demonstration von Macht. Einfache Bürger und Sklaven waren im Allgemeinen bartlos.
Vermutlich besaßen die Ägypter einen spärlichen Bartwuchs, denn sie trugen künstliche Bärte und Perücken - was allerdings auch in Anlehnung an die Vorbilder des vorderasiatischen Kontinents, mit denen sie sehr früh in Berührung kamen, verstanden werden kann.
Ihr natürliches Kopf- und Barthaar pflegten sie zu scheren.
Könige und Beamte trugen künstliche, unterschiedlich gestutzte Kinnbartformen.
Götter und als Gottheit dargestellte Könige hatten falsche, geflochtene und von Bändern gehaltene Götterbärte, mit leicht nach vorn gebogenen Enden.
Der Zeremoniebart, welcher ebenfalls umgebunden wurde, war etwas kürzer, quergerippt und waagerecht nach unten hängend.
Auch Hofbeamte und Würdenträger trugen künstliche, kurze, quergerippte Kinnbärte. Die unechten Königsbärte erreichten im 13./14. Jahrhundert v.Chr. eine stolze Länge von 30 bis 40 cm. Sie waren aus Haaren und Wolle hergestellt.
Für eine Frau als Herrscherin war es ebenso selbstverständlich, den Bart der Könige zu tragen (Königin Hatschepsut, S.32).

Assyrer, Babylonier Meder und Perser

Nicht selten kräuselten diese Volksgruppen ihre Bärte kunstvoll zu einem Muster und flochten sie. Das untere Ende ihrer Bärte schloss waagrecht bei den Syrern und meistens spitz bei den Persern und Medern ab.

Assyrer (um 740 v.Chr.) [62]

Perser (um 550 v.Chr.) [63]

Altsumerische
Götterfigur [64]

Sargdeckel des Sa - Iset (um 1230 v.Chr.)
[65]

König Amenophis I. (um 1190 - 1160)
[66]

Das Scheren des Bartes ist erst bekannt seit Nebukadnezar II. (605 -562 v.Chr.). Den Juden war Stutzen und Rasieren des Bartes verboten. Ihr Bart galt als Zeichen von Freiheit und Frömmigkeit. Sie salbten und pflegten ihn. Nur Trauernde und Gefangene vernachlässigten ihren Bart, rauften ihn sich sogar aus.

In Byzanz war die Bartmode, nach anfänglich glatten Gesichtern, der assyrischen und babylonischen ähnlich. Künstlich gekräuselte und geflochtene Kinn- und Vollbärte, hier in Verbindung mit Oberlippenbärten, waren Vorrecht der altorientalischen Herrscher, in verkürzter Form des hohen Adels. Hier kann man davon ausgehen, dass sie ihre eigenen Bärte trugen.

Kunstvoller Pharaonenbart [67]

Kapitel 4

Griechenland

Alkibiades - Marmorbüste [68]

Unbekannter Grieche [69]
(350 v.Chr.)

Asklepios (4. Jh. v.Chr.) [70]

Perikles [71]
(490-429)

Platon (427 - 347) [72]

Euripides (480-406) [73]

GRIECHENLAND etwa 1500 - 150 v.Chr.

Die griechische Geschichte war von Bruderkriegen geprägt, die im Laufe der Jahrhunderte zur Schwächung des gesamten Landes führten.
Griechenland war eine Sklavenhaltergesellschaft, in der es Arme, Reiche, Freie und Unfreie gab.
Die Griechen hatten aber auch die erste demokratische Ordnung.
In der Blütezeit des Landes war Perikles Staatsmann in Athen - ein Redetalent und Stratege, 14 mal wurde er hintereinander gewählt!
429 v.Chr. starb er an der Pest.
Die Unterdrückung der Sklaven sicherte die Aufrechterhaltung der streng gegliederten Standesunterschiede. Die Welt der Götter war Spiegelbild aller irdischer Widersprüche.
Die vielen zerstrittenen Stadtstaaten führten schließlich zur Unterwerfung in römische Herrschaft.

Die griechische Geschichte gliedert sich in vier Epochen:

die minoische -	um 2000 - 1400 v.Chr.
die archaische -	Herausbildung von Stadtstaaten, 1400 - 500 v.Chr.
die klassische -	die Blütezeit der griech. Kultur, 500 - 300 v.Chr.
die hellenistische -	geprägt durch die Eroberungszüge Alexanders des Großen im 4. Jahrhundert v.Chr. und durch die Vereinigung der griechischen mit der persischen Kultur, ab 300 v.Chr.

Kultur - Technik - Politik (Höhepunkte)

776 v.Chr.	1. Olympische Spiele
620 v.Chr.	erste geprägte Metallmünzen (Silber) Entstehung der Marmorskulptur ”Venus von Milo”
621 v.Chr.	Drakon, der Verfasser des ersten Gesetzbuches (ersetzt u.a. private Blutrache durch staatl. Rechtspflege)
490 - 429 v.Chr.	Herrschaft des Perikles Bau der Akropolis Aufschwung von Wissenschaft und Kultur Entdeckung des Goldenen Schnittes

Persönlichkeiten

Berühmte Philosophen, Dichter und Mathematiker:
Sokrates, Platon, Aristoteles, Pythagoras, Euklid (schuf die Grundlagen der Geometrie), Archimedes (größter Mathematiker und Physiker des Altertums)
Homer, Aischylos, Euripides, Sophokles, Aristophanes, Hippokrates (gründete die erste Ärzteschule), Herodot (Geschichtsschreiber)

Hermes Propylaios (450 v.Chr.) [74]

Körperpflege

Viele kosmetische Erfahrungen übernahmen die Griechen aus dem Orient und von den Ägyptern, wozu auch das Rasieren und das Formen des Bartes gehörte. Die vornehmen Männer gingen fast täglich zur Morgentoilette in die Barbierstuben, da die wenigsten selbst Kamm und Spiegel besaßen. Dabei gab es schlichte "Bartputzerbuden" und vornehme "Ateliers".

In der mykenischen Zeit hatten viele der wohlhabenden Griechen eine eigene Badewanne.

Es gab auch Badehallen, in denen man nach dem Bade durch Massagen mit duftenden Ölen verwöhnt wurde, auch Gymnastik war weit verbreitet. Nach den Mahlzeiten säuberte man sich die Hände mit parfümiertem Ton. Es gab unzählige Heilbäder und Heilquellen. Die Badeorte zeichneten sich durch sprichwörtliche Vergnügungen und Zügellosigkeit aus.

Bartspezifisches in den einzelnen Epochen

In der griechischen Antike trugen meist nur Dichter und Philosophen lange Bärte. Sie ließen sie um Wangen, Lippen und Kinn wachsen und verwandten große Sorgfalt auf ihre Pflege und ihren Zustand.

Minoische Zeit

Die minoischen Krieger verschmähten jede Art von Bart.

Die Kreter, 2620 - 1200 v.Chr., waren glattrasiert. Langes Haar und langer Bart galten bei ihnen als barbarisch.

Archaische Zeit

In dieser Zeit rasierte man sich oft nur die Oberlippe, wobei glattgekämmte und spitz zugeschnittene Kinn- und Backenbärte bevorzugt waren.

Das Scheren des Bartes galt als Zeichen von Trauer

Sogenannter Blaubart (archaische Zeit) [75]

Klassische Zeit

In dieser Epoche waren runde, kurze Vollbärte modern. Zunächst trugen nur ältere Männer keilförmige Bärte, jüngere Männer trugen, wenn überhaupt Bärte, dann kürzere. Jünglinge waren bartlos.

Hellenistische Zeit

Im hellenistischen Griechenland waren die Männer unter dem Einfluss Alexanders des Großen glattrasiert.

Die Älteren trugen mitunter gekämmte Voll- und Spitzbärte.

Krieger (um 130) [76]

Eine Sage erzählt:

Der in Thrakien lebende Stamm der Abrabanten soll sich erstmals rasiert haben, nachdem Soldaten an ihren langen Bärten vom Gegner zu Boden gerissen worden waren.

Poseidon von Artemision (5. Jh. v.Chr.) [77]

Erosmaske - Fragment eines
Sarkophags (130 v.Chr.) [78]

Schüler des Epikur (um 280 v.Chr.) [80]

Kreter (1. - 6. Jh.) [79]

Kapitel 5

Rom

Kaiser Mark Aurel (121 - 180) [81]

ROM etwa 500 v.Chr. - 500 n.Chr.

Das Römische Reich führte Kriege gegen ganz Italien, Karthago und Makedonien.
Die Sklavenhaltergesellschaft erlebte in Rom seine höchste Entfaltung und ihren Verfall.
146 v.Chr. versklavten die Römer die Griechen. Rom war zu dieser Zeit Republik und hatte an seiner Spitze einen Senat mit zwei Konsuln.
74 - 71 v. Chr. vereinten sich viele der unterdrückten Sklaven zum Spartacus-Aufstand.
Mit Augustus (31 v.Chr. - 14 n.Chr.) als erstem Alleinherrscher begann 27 v.Chr. das Kaisertum.
Im Jahre 2 reichte das römische Imperium von Britannien bis zum Euphrat und von den Karpaten bis zum Nil.

Nero (36-68) [82]

Im Jahre 54 wurde Nero im Alter von 16 Jahren Kaiser. Er war einer der brutalsten Herrscher Roms.

In dieser Zeit begann sich das Christentum stark auszubreiten. Innerpolitische Machtkämpfe und zahlreiche Sklavenaufstände führten zum Verfall des Weltreiches.

BYZANZ

Rom zerfiel in ein Oströmisches Reich mit der Hauptstadt Byzanz (später Konstantinopel - nach Konstantin dem Großen (306-337) - heute Istanbul) und ein Weströmisches Reich.
Das Weströmische Reich unterlag letztlich dem Ansturm der Barbaren (germanische Völker). Das Oströmische Reich (auch Byzantinisches Reich) und seine Kultur blieben noch jahrhundertelang erhalten.

Kultur und Technik

321 führte Kaiser Konstantin offiziell den Sonntag ein.
Es gibt Zeugnisse hochentwickelter Bautechnik, z.B. Straßenbau 300 000 km durch Europa - Verteidigungsanlagen - Kanalisationssysteme - Wasserleitungen.

Monumentalbauten

Bau des Kolosseums - Triumphbögen - Tempel - Paläste - Theaterarenen - Thermalbauten - Viadukte, die es ermöglichten, Täler und Flüsse zu überspannen und somit auch die Handelsbeziehungen auszudehnen.

Schöpferische Leistungen

Große enzyklopädische Werke - das römische Recht - den Julianischen Kalender, der noch jahrhundertelang galt - geographische Werke (Landkarten).

Persönlichkeiten

Dichter und Geschichtsschreiber:
Cicero, Vergil, Horaz, Ovid, Seneca
Livius, Tacitus, Titus, Marc Aurel

Plinius d. Ä.
(23 - 79)
[83]

Haar- und Bartmode

Zur Zeit der Republik wurde häufig längeres, wenig gepflegtes Haar und mäßig langer Vollbart getragen.
In der Kaiserzeit hingegen trugen vornehme Bürger das Haar kürzer und waren glattrasiert. Das niedere Volk behielt den Bart bei.
In der spätrömischen Kaiserzeit wurde das Haar gelockt und dazu ein kurzer Kinn- und Schnurrbart getragen.

Körperpflege

Die wohlhabenden Römer waren sehr auf die Pflege ihres Körpers bedacht und verbrachten viele Stunden des Tages damit. Im Gegensatz zu den Griechen, die ihre Körper vorrangig durch Sport verschönten, taten es die Römer mittels Bädern, Schwitzkuren und Massagen. Auch eine für die damalige Zeit recht raffinierte Kosmetik stand ihnen mit Essenzen, Ölen und Puder zur Verfügung. Die Schönheit von Körper und Gesicht war Frauen und Männern gleichermaßen sehr wichtig. Die mit allem erdenklichen Luxus ausgestatteten Thermen legen Zeugnis davon ab.
Aber auch schon durch Diätkuren versuchten die Römer ihre Figur zu verschönen.

Das Badeleben Roms

In Rom gab es bereits in den 20er Jahren v.Chr. 952 Bäder. Die von Agrippina 25 v.Chr. eröffneten Thermen waren die ersten Anlagen dieser Art Volksbäder im großen Stil. Der Besuch war unentgeltlich. Die schönsten und größten Thermen waren die des Kaisers Caracalla. Hier konnten 1600 Badende zugleich Platz finden.

Kaiser Caracalla
(211-217) [84]

Bartspezifisches

Bis die ersten Barbiere aus Griechenland (angeblich über Sizilien) um 300 v.Chr. zu den Römern gelangten, wurden Vollbärte getragen. Danach vermischte sich die griechische mit der römischen Haar- und Bartmode. Die Römer fanden, angeregt durch die Griechen, ebenfalls Gefallen am Rasieren.
Gelehrte und Philosophen behielten zum großen Teil ihre Vollbärte.
Aber auch Trauernde, Angeklagte und Verurteilte ließen ihren Bart lang wachsen.

Brutus
(85 - 42 v.Chr.) [85]

Römische Bildnisse sind bis zur Herrschaft Hadrians fast durchweg bartlos überliefert. Mit der Epoche der römischen Kaiser hielt eine neue *herrscherorientierte* Moderichtung Einzug. Ausgeschlossen waren ärmere Volksschichten und Sklaven.

Nachdem sich Kaiser Hadrian (76 - 138) einen Vollbart wachsen ließ (er soll wohl damit versucht haben, größere Grießknoten am Kinn zu verdecken) folgten zunächst die Soldaten seinem Beispiel.

Kaiser Hadrian
(76 - 138) [86]

In dieser Form hielt sich der Vollbart fast 200 Jahre. In den Kaiserzeiten wurde die jeweilige Haar- und Bartmode nun durch den Herrscher bestimmt.
Kaiser Konstantin (306 - 337) lehnte jeglichen Bart ab.
Im 5. Jahrhundert, unter der Vorherrschaft von Byzanz, waren deutlich Elemente aus der Vorzeit des vorderen Orients, die Einfluss auf die römische Haar- und Bartmode nahmen, zu erkennen. Männer trugen zu kurzem Haupthaar keilförmige Bärte.

Unterhaltsames

Es gibt Spekulationen, warum sich der Makedonier* Alexander der Große (336 - 323 v.Chr.) rasierte:
Da er sehr klein war (etwa 1,40 m) und sich sein Kopfhaar bis auf die Schultern wachsen ließ, wäre er nicht nur durch seinen kurzen Wuchs, sondern zusätzlich auch noch durch einen langen Bart angreifbar gewesen. Seine Feinde hätten ihm, wie man sagt, "etwas in den Bart schmieren" können.
*(Makedonien wurde 148 v.Chr. römische Provinz).

Bei den Römern hieß die Barbierstube "Tonstrina" (abgeleitet von tondere - schneiden). In der Barbier- und Frisierkunst erfahrene Tonsore waren sehr begehrt. Sie begannen ihre Arbeit meist bei Tagesanbruch, manche betrieben ihr Geschäft auch nachts. Als Sklaven standen sie hoch im Preis. Die Zuneigung eines Herrn zu seinem leider zu jung verstorbenen Tonsor-Sklaven ließ er in folgende Verse fassen:

> "Unter dem Grabstein liegt, in kindlichen Jahren entrissen, Pantagathus, welcher geschickt verstand zu schneiden das flatternde Haar und zu säubern mit kaum streifendem Stahl, borstige Wangen. Geliebt und betrauert von seinem Herrn. Magst ihm, Erde, du sanft und leicht sein, wie er verdient, leichter kannst du doch nicht sein, als die kundige Hand."

Markomannische Gefangene vor Kaiser Marc Aurel [87]

Römischer Herrscherkopf Porträt des Gallienus (218 - 268) [88]

Kapitel 6

Germanen

Germane (um 100) [89]

G E R M A N E N etwa 1600 v.Chr. - 800 n.Chr.

Germane 400 v.Chr. [90]

Der Zerfall der Urgesellschaft vollzog sich bei den Germanen und Kelten mit dem Untergang der Massensklaverei.
Schriftliche Aufzeichnungen sind von den Germanen der Frühzeit kaum vorhanden, Kenntnisse über sie stammen fast ausschließlich aus den Schriften römischer Geschichtsschreiber.
In den ersten nachchristlichen Jahrhunderten bildeten sich unter ihnen verschiedene Stämme heraus (Langobarden, Sachsen, Franken, Alemannen, Markomannen).
Etwa um 100 v.Chr. entwickelten sie die Runenschrift.
375 zerbrach unter dem Ansturm der Hunnen das germanische Gotenreich, die Völkerwanderungen begannen. Seit dieser Zeit befehligten häufig germanische Heerführer römische Legionen.
Die Berührung mit den Römern brachte den Germanen auch kulturelle Fortschritte. Sie hatten feste Wohnsitze (Hütten aus Lehm, Holzhäuser). Es gab Gemeineigentum und persönlichen Besitz.

Kultur

Grabfunde aus der Bronzezeit: vor allem Waffen und Schmuck, auch Rasiermesser und Haarschneidescheren.
Die Germanen stellten bereits Seife aus Wollfett und Holzasche her.
Gerühmt wurde ihr Kampfesmut und ihre Treue.

Persönlichkeiten der Zeit

Theoderich d. Große
(Dietrich von Bern, 456-526)
Sachsenherzog Wittekind (um 785)
Ottokar (1230 - 1278)

Sachsenherzog Wittekind [91]

Haar- und Bartmode

Sie ließen sich das Haar als Zeichen der Freiheit wachsen. Unfreie, Unehrenhafte und Kriegsgefangene wurden kahl geschoren. In den einzelnen Stämmen gab es unterschiedliche Haar- und Barttrachten. Zunächst war Vollbart weit verbreitet, später rasierten sie sich auch.

Körperpflege

Die Germanen waren wohl sehr reinlich, denn sie liebten es, in Flüssen und im Meerwasser zu baden.
Auch kannten sie schon warme Vollbäder (in kleinen Badehütten am Rande von Siedlungen). Mit Seife wurde die Haut gereinigt und mit Lanolin (Wollfett) gepflegt. Man fand auch Geräte zur Nagelpflege, Pinzetten und Ohrlöffel.

Bartspezifisches

Aus der Urgesellschaft bis 800 v.Chr. gibt es kaum brauchbare Anhaltspunkte über Bärte und Bartträger.
Die Körperbehaarung aus der Frühzeit des Menschen war wohl bei den Germanen noch besonders stark.
Über die Bartsitten nach dieser Zeit gibt es recht viele, sich widersprechende Angaben.

Die Germanen waren in viele Stämme gegliedert, die sich durch die unterschiedlichsten Haar- und Bartformen auszeichneten, doch trug man überwiegend Vollbärte. Gekürztes Haar und geschorene Bärte galten bei ihnen als Zeichen der Unfreiheit oder des Verlustes der Ehre. Das Wort "Gescherter" galt in Süddeutschland noch Anfang des 20. Jahrhunderts als Schimpfwort und in Österreich jetzt noch "Gscherter" für Tölpel.

Besonders aber in Kriegszeiten war es üblich, sich Haar und Bart lang wachsen zu lassen, bis man den Feind besiegt hatte.

Bei Ausgrabungen fanden turkmenische Archäologen, dass die Männer der Bronzezeit schon viel Wert auf einen gepflegten Bart gelegt haben.
Sie berichteten von vielen originell gekämmten, gestutzten, ausrasierten, sorgfältig gewellten und sogar bunt gefärbten Kinn- und Oberlippenbärten.

Von den nordischen Stämmen weiß man, dass sie ihr Haar schulterlang trugen und den Bart in natürlicher Form, meist rundgestutzt oder nur auf der Oberlippe.

Die Kelten rasierten sich die Wangen glatt, ließen den Schnurrbart aber lang herabwachsen (5. Jahrhundert v.Chr.) so dass er den Mund fast verdeckte.

> "Wenn sie essen, hängt ihnen der Schnurrbart in die Speise,
> wenn sie trinken, fließt das Bier gleichsam durch eine Reuse."

Eine Gallier-Darstellung, die von Eumenes II. von Pergamon stammt, bestätigt diesen schriftlichen Bericht.

Auf historischen Bildwerken werden Germanen meist bärtig gezeigt, vor allem in der Zeit der Völkerwanderung. Neben dem typischen, rötlichen Vollbart ist anzunehmen, dass sich auch rasiert wurde, denn in Gräbern fand man neben anderen Grabbeigaben auch Rasiermesser, Scheren und Kämme.

Rasiermesser aus Bronze (ca. 900 v.Chr.) [92]

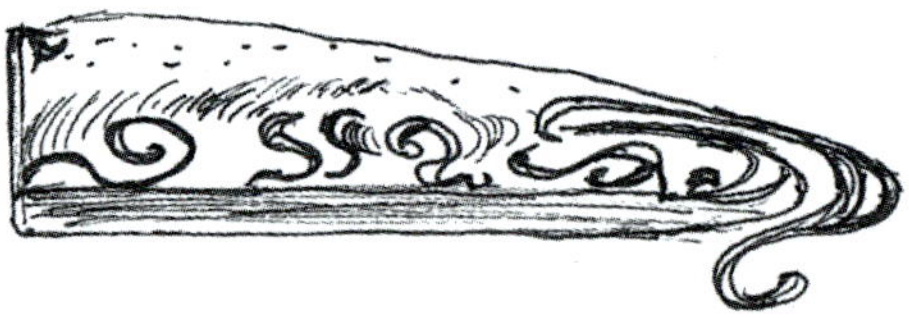

Der Name Langobarden "Langbärte" läßt, vor allem bei diesem Stamm, auf lange Bärte schließen.
Die Franken hatten oft dünne, an beiden Seiten leicht verlängerte Oberlippenbärte, ehemals *Granne* genannt.
Zur Zeit der Merowinger trugen sie kurze, unter Karl dem Großen (768 - 814) wieder längere Vollbärte.
Noch bis zum 12. Jahrhundert pflegte man in Frankreich den bis auf die Brust herabfallenden Bart in einzelne Strähnen zu flechten und die Spitzen des Schnurrbartes zusammenzubinden.
Der Schnurrbart, der für die Franken charakteristisch war, blieb dann noch lange Zeit modern.

Franke (um 400 n.Chr.) [93]

Keltische Bronzemaske (um 300 n.Chr.) [94]

Gote (um 300 n.Chr.) [95]

Frankenkrieger
mit Gürteltasche
(um 600) [96]

Langobardenherzog (um580)
[97]

Fränkische Krieger trugen am Gürtel einen Beutel (eine Art Gürteltasche), der Rasiermesser, Kamm und Münzen enthielt.
Typisch für die Bartform dieser Zeit war bei den Franken der hängende Oberlippenbart. (Bild oben)

Mark Aurel empfängt besiegte Barbaren
(um 150) [98]

Kapitel 7

Mittelalter

Gefolge um König Artus (2. v.l.) - Königin Isolde (2. v.r.) [99]

MITTELALTER

1. Romanik etwa 900 -1200

Karl der Große, König der Franken
(Albrecht Dürer, 16. Jh.) [100]

Im 3. Jahrhundert unterwarfen die Franken Gallien und alle germanischen Gebiete und gründeten unter den Karolingern den ersten entwickelten Feudalstaat des Mittelalters.
Nach der Völkerwanderung hatte das Reich der Franken unter Karl dem Großen (768 - 814) seine größte Ausdehnung.
Nach seinem Tode zerfiel es in Teilstaaten. Durch die Städtegründungen organisierte sich das Zunftwesen in den Städten. Die Bauern jedoch wurden zu Leibeigenen.
849 erfolgte eine Teilung des Kaiserreiches in Deutschland , Frankreich und Italien.
915 wurde Heinrich I. erster deutscher König. Er schaffte sich ein bedeutendes Heer. Sein Sohn Otto I. wurde sein Nachfolger und erster deutscher Kaiser (962 - 973).
Die Kreuzzüge, 1096 - 1270, hatten großen Einfluss auf die Kultur des Mittelalters und die höfischen Sitten.
Machtkämpfe zwischen Kaisern und Päpsten und der Aberglaube richteten z.T. unheilvolle Verwirrungen an.
In Frankreich wurde 1215 die Inquisition eingeführt.

Kultur und Technik

Weiterentwicklung der Sprachwissenschaften - es entstanden die ersten europäischen Sprachen, Schriften, Grammatik, Verskunst - um 1200 entstand das Nibelungenlied, Monumentalarchitektur (Kirchen, Klöster - die Wartburg in Eisenach)
Wand- Glas- und Miniaturenmalerei, Tafelmalerei, Emailkunst, Elfenbeinschnitzerei
Verfeinerung der Goldschmiedekunst
Warenaustausch wurde in Geldwirtschaft umgewandelt - neuer Beruf (Bankier)
1050 Erfindung der Armbrust (bis 300 m Geschossweite)
1180 Bau der ersten Windmühle (Frankreich)

Persönlichkeiten

Guido von Arezzo, Erneuerer der Musiktheorie (990 - 1033)
Hartmann von Aue, Dichter (um 1200)
Franz von Assisi, Gründer des Franziskanerordens (1182 - 1226) - von Papst Johannes Paul II. 1980 zum Patron des Umweltschutzes erklärt.

Haar- und Bartmode

Das Haar trug man zumeist schulterlang. Ritter und Edelknaben waren stets bartlos. Vollbärte waren fast ausschließlich das Privileg der Könige und Feudalherren. Geistliche und manche Bürger trugen gelegentlich kürzere auch längere, spitz oder rund gestutzte Kinnbärte mit Schnurrbart. Männer aus dem Volk rasierten das Gesicht - vereinzelt gab es Oberlippenbärte.

2. Gotik etwa 1200 - 1450 (in den einzelnen europäischen Ländern unterschiedlich)

Höhepunkt und Zerfall der Kirche, des Feudalismus und des Rittertums
Die Städte wurden Wirtschafts- und Kulturzentren.
Zum Schutz der Städte wurden Städtebünde gegründet, z.B. 1250 der Norddeutsche Hansebund, 1254 der Rheinische Bund.
Kaiser Karl IV. erließ 1356 das erste Reichsgrundgesetz, die Goldene Bulle.
Ablasshandel und Lasterhaftigkeit führten zu reformatorischen Bewegungen, deren Führer Jan Hus (* 1370) 1415 als Ketzer verbrannt wurde.
Die Verweigerung der reformatorischen Forderungen der Anhänger Hus' durch die Kirche führte schließlich zu den Hussitenkriegen (1419 -1436).

Karl I. Reliquienbüste 1350
[101]

Kultur und Technik

Gründung von Universitäten
1250 Erfindung des Pfluges, 1298 des Spinnrades - 1400 Herstellung von Gusseisen
Architektur und Bautechnik:
Klöster, Kirchen, Dome, z.B. Straßburger Münster, Kölner- und Bamberger Dom
Burgen und Wohnhäuser; in Frankreich: Notre Dame
In der darstellenden Kunst entstanden Plastiken, Holzschnitte, Kupferstiche, Glasfensterbemalungen, in der Literatur die Manessische Handschrift, Romane, politische Literatur, Minnedichtung, in der Musik Minnegesang - Sängerwettstreite (der Sängerkrieg auf der Wartburg).

Persönlichkeiten

Walther von der Vogelweide, Minnesänger und Dichter (1170 - 1230)

König Karl V. (der Weise, 1364 - 1380) förderte Kunst, Wirtschaft und Wissenschaft.

Tilmann Riemenschneider, Bildhauer (1460 - 1531)

Veit Stoß, Bildhauer und Maler (1445 - 1533)

Walther von der Vogelweide [102]

Haar- und Bartmode

Junge, fast immer bartlose Männer kräuselten ihr schulterlanges Haar, eine feminine Modeerscheinung meist vornehmer Herren, Ritter und Edelknaben.
Herrscher, Geistliche und Gelehrte trugen gelegentlich Bärte.
Die Männer des einfachen Volkes bevorzugten kurzes Haar und waren meist bartlos.

Körperpflege

Zwei bis dreimal in der Woche öffneten Badestuben, in denen man in Bottichen mit warmem Wasser baden konnte.
Diese Sitte brachten die Kreuzritter aus dem Orient mit. Bis dahin war das warme Bad nach kirchlicher Vorschrift nur für Kinder erlaubt.
In der burgundischen Zeit wurde das Baden regelrecht zum Kult. Auch das gemeinsame Baden der Geschlechter in unbekleidetem Zustand reichte bis in frühe Zeiten zurück. Nacktheit im Bad und Bett war ein Teil gesunder Lebensweise. Es gab Hausbadestuben und öffentliche Einrichtungen.
Das Baden entwickelte sich zu einer besonderen Art der Geselligkeit.
Bademägde waren zur Massage, zur Pflege des Haares und der Nägel da. Schankmädchen ließen keine Langeweile aufkommen. Es gab Speisen und Getränke zu den Klängen fahrender Musikanten.
Der Bademeister verstand sich neben Barbieren und Haareschneiden auch auf Aderlass, Wundpflege, Zahnziehen und kleine Chirurgie.
(Ärzte hielten es für unter ihrer Würde, blutige Eingriffe vorzunehmen).
Parfüm spielte zu dieser Zeit bereits eine bedeutende Rolle. Körper, Kleidung und selbst Briefe parfümierte man. Bei Feierlichkeiten erstreckte es sich sogar auf die Maultiere.
Es wurden auch Mittel eingenommen, die den Atem wohlriechend machten, denn viele Menschen hatten kranke Zähne.

Reinlichkeit war allgemein ein großes Bedürfnis, die Sauberkeit bei Tisch war sprichwörtlich.

Neben der Pflege des Körpers widmete man auch der Kleidung große Sorgfalt. Das 12. Jahrhundert verfeinerte unzweifelhaft die Sitten und hob die Frau auf eine noch nie dagewesene gesellschaftliche und kulturelle Stufe. Dieser starke Einfluss der Frauen führte auch in der Männerwelt zu einer Feminisierung, z.B. zu glattrasierten Gesichtern, langem gelocktem Haar mit Blumenkränzen geschmückt. Der Mann verwendete sehr große Sorgfalt darauf, seiner Liebsten zu gefallen, so gab es ein System der höfischen Liebe und Neigung. Ein Beispiel:

Der heimlich schmachtende Ritter trägt grün.
Der demütig bittende Ritter trägt weiß.
Der erhörte Ritter trägt rot.

Sicher fand jeder Ritter seine Farbe.

Bartspezifisches

Im Mittelalter wurde generell wenig Bart getragen. Trotzdem gab es eine Vielfalt von Vollbärten - vor allem von reiferen Männer bevorzugt, bei jüngeren waren Kinn und Wangen glattrasiert.

Verschiedene Bartformen des Mittelalters [103]

Geistliche oder vornehme Männer pflegten einen spitzen oder rund gestutzten Kinnbart (oft auch zu Locken gedreht) und dazu einen Oberlippenbart zu tragen. Was aber nicht ausschloss, dass auch andere Bartformen vorkamen.

Gelockter Vollbart mit geflochtenen Schnurrbartenden [104] (Spätgotik)

Die Gotik war eine überwiegend bartlose Zeit des Mittelalters, die vielleicht den Trägern von Gesichtshelmen (bei Turnieren) entgegenkam. Könige, Fürsten und Würdenträger trugen weiter unbeirrt Vollbärte.
Zur Zeit der burgundischen Mode (Spätgotik) wurde kurzer Vollbart zu kurzem Haar modern.
In Westeuropa wurde es gegen Ende des Mittelalters Sitte, mittellangen, waagrecht gestutzten Vollbart zu tragen. Überhaupt kamen gegen Ende des Mittelalters wieder vermehrt Bärte auf.
(Z.B. kurzer gespaltener Kinnbart, Doppelspitzbart mit Oberlippenbart)

[Abb. 105]

Heinrich II. Adamspforte, Bamberger Dom (1230) [106]

BARBAROSSA

Ein berühmter Vertreter des Mittelalters war, wer kennt ihn nicht, Kaiser Barbarossa, eigentlich Kaiser Friedrich I. (1152 -1190). Sein Beiname Barbarossa (ital. Rotbart) tauchte erst im 13. Jahrhundert auf.

Er soll am 10. Juni 1190 auf einem seiner Kreuzzüge, bei einem Bad im Fluss Saleph (heute Göksu), nahe der Südküste Kleinasiens, bei der Mission, Jerusalem aus den Händen des Sultans Saladin zu befreien, ertrunken sein. Seine sterbliche Hülle ging jedoch auf dem Weg nach Jerusalem verloren).

Er war mittelgroß, kräftig und hatte rötlich-blondes lockiges Haar und Barthaar. Nach seinem mysteriösen Tod gingen verschiedene Sagen durch das Volk.

Friedrich I. (Barbarossa) Reliquienbüste 1160, Schlosskirche Cappenberg [107]

Friedrich Rückert
(1788-1866)

Barbarossa

Der alte Barbarossa,
der Kaiser Friederich
im unterird'schen Schlosse
hält er verzaubert sich.

Er ist niemals gestorben;
er lebt darin noch jetzt.
Er hat im Schloß verborgen
zum Schlaf sich hingesetzt.

Er hat hinabgenommen
des Reiches Herrlichkeit
und wird einst wiederkommen
mit ihr zu seiner Zeit.

Der Stuhl ist elfenbeinern,
darauf der Kaiser sitzt;
der Tisch ist marmelsteinern,
worauf sein Haupt sich stützt

Sein Bart ist nicht von Flachse
er ist von Feuersglut,
ist durch den Tisch gewachsen,
worauf sein Kinn ausruht.

Er nickt als wie im Traume;
sein Aug' halb offen zwinkt,
und je nach langem Raume
er einem Knaben winkt.

Er spricht im Schlaf zum Knaben:
"Geh hin vors Schloß, oh Zwerg,
und sieh, ob noch die Raben
herfliegen um den Berg!

Und wenn die alten Raben
noch fliegen immerdar.
so muß ich auch noch schlafen
verzaubert hundert Jahr."

[Abb. 108]

Die alte Sage berichtet dazu:
Kaiser Friedrich Barbarossa fand bei einem Kreuzzug nach Palästina den Tod (siehe auch Seite 79). Als er nicht nach Deutschland zurückkehrte, entstand im Volke die Sage, dass er noch lebe und dereinst wiederkommen werde, inzwischen aber in einem Berg sitze. Nach der einen Überlieferung soll es der Untersberg bei Salzburg sein (nach einer anderen Sage befindet sich hier Karl d. Gr.), nach der anderen ein Felsen bei Kaiserslautern. Am meisten verbreitet aber ist, dass er sich im Kyffhäuser aufhalte.
Eine güldene Krone auf dem Haupte tragend, schläft der Verzauberte nicht, sondern stützt den Kopf nur auf die Hand und zwinkert mit den Augen wie im Halbschlummer. Alle hundert Jahre sendet er einen Zwerg auf den Berg, um zu schauen, ob die Raben noch die alte Burgwarte umkreisen (im übertragenen Sinne, ob es noch Kriege gibt). Solange das der Fall ist, muss der Kaiser in seiner Bergeshalle verharren.

Friedrich I. Barbarossa (1180) [109]
Schlossmuseum Altenburg (Gustav Goldberg 1880)

Graf Wiprecht von Groitzsch (um 1100)
(Laurentiuskirche Pegau) [110]

Kapitel 8

Renaissance

Luther als Junker Jörg (um 1521) [111]

RENAISSANCE etwa 1400 - 1600

Die Renaissance ist in drei Epochen gegliedert:

Die Frührenaissance bis 1500
Die Hochrenaissance bis 1550
Die Spätrenaissance bis 1600

Im 15. Jahrhundert wurde ein Viertel der Bevölkerung von der Pest hinweggerafft.
Deutschland war politisch und wirtschaftlich stark zersplittert.
Der geistige Übergang vom Mittelalter zur Neuzeit wurde durch die Reformation Luthers 1517 sowie den Humanismus des Erasmus von Rotterdam eingeleitet.
In Italien konnte infolge der aufkommenden kapitalistischen Produktionsformen die feudale Abhängigkeit zuerst überwunden werden.
Die Renaissance suchte ihre Vorbilder in der Demokratie der griechisch-römischen Antike und erstrebte deren Wiedergeburt.
Man liebte es, die Tugenden des Geistes und Verstandes auszubilden.
Es war die Zeit des wirtschaftlichen Aufschwungs durch Handel und Handwerk, aber auch die Zeit des wachsenden Selbstbewusstseins der Bürger und die Blütezeit der Kunst und Kultur.
In diese Zeit fiel auch die erste frühbürgerliche Revolution, die 1525 im Großen Deutschen Bauernkrieg gipfelte.

Kultur und Technik

um 1440 Erfindung des Buchdrucks (Gutenberg/eigtl. Gensfleisch zum Gutenberg)
1492 Entdeckung Amerikas (Columbus)
Aufblühen der Industrie - Manufakturen - Hochöfen - Erfindungen: Fernrohr - nautische Instrumente. In der Musik: der Kontrapunkt
1610 Entdeckung von vier Jupitermonden (Galilei)

Persönlichkeiten

Machiavelli (1469-1527) (politischer Theoretiker)
Kopernikus (1473-1543) Astronom
Martin Luther (1483-1546) Reformator
Literatur - Boccaccio, Hans Sachs
Malerei - Raffael, Leonardo da Vinci, Botticelli, Michelangelo, Giorgione, Lucas Cranach, Albrecht Dürer, Hans Baldung (Grien), Hans Holbein, Albrecht u. Erhard Altdorfer

Galileo Galilei
(1564 - 1642)
[112]

Leonardo da Vinci
(1452 - 1519)
[113]

Haar- und Bartmode

Zu Beginn der Renaissance trug man halblanges (Kolbe genannt [Abb.114]) bis schulterlanges Haar im Allgemeinen zu bartlosem Gesicht. Erst in der Spätrenaissance setzten sich die Bärte wieder stärker durch. Die Frisuren erfuhren wenig Veränderungen.

[Abb. 114]

Körperpflege

Das neue Selbstbewusstsein verlangte auch eine sorgfältigere Pflege und Sauberkeit des Körpers.
Auch wurde das Nachthemd und die Nachthaube für Männer und Frauen üblich, nachdem man im Mittelalter nackt zu Bett ging.
Nach und nach verdrängte der Kult mit Schminke, Parfüm und Puder bei den eleganten Damen und Herren das Reinigungsbedürfnis. Das einfache Volk machte die Übertreibungen allerdings nicht mit und lebte daher bei weitem gesünder.
Erst in der Spätrenaissance erkannte man die Zusammenhänge zwischen Schmutz und Seuchen und drängte die Obrigkeit, Hygienevorschriften zu erlassen.
1572 riet Henri Montreux, die Haut mit Rosenpulver einzureiben, um den üblen Achselgeruch zu vertreiben.

Bartspezifisches

Zunächst gab es zu Beginn des 15. Jahrhunderts mitunter fein ausgezogene Spitzbärte.

Später - zwischen 1430 und 1490 - setzten sich dann erst einmal glattrasierte Gesichter durch.
Im nördlichen Europa wiederum wurden Bärte ziemlich breit und ausladend getragen.

Erst im 16. Jahrhundert kamen Bärte wieder stärker in Mode.
Um 1520 kurze, tiefsitzende Kinnbärte mit Fliege und schmalem Oberlippenbart, auch *Dürer-Bart* genannt.

Albrecht Dürer Selbstbildnis 1498
[115]

Zu Beginn des 16. Jahrhunderts wurde der Bart unter dem Kinn in gerader Linie gestutzt.

Johann Friedrich von Sachsen

(Holzschnitt Lucas Cranach d. Ä. 1. Hälfte 16. Jh.) [116]

Ab Mitte des 16. Jahrhunderts wurden kurz geschnittene Vollbärte modern, in Deutschland bis 1555 gekrauste Fräse.

Friedrich der Großmütige (1532 - 1547) [117]

Wolfgang von Bartholomäus (um 1501) Ausschnitt Bartholomäusaltar [118]

Landsknechte hatten wild wuchernde Vollbärte - was ihr grimmiges Aussehen noch verstärkte.

In England trug man breite, eckig geformte, kurze Vollbärte, auch gespaltene Doppelspitzbärte, die in Deutschland dann zu einem langen Gabel- oder Zwillichbart (zwillich = zweifach) wurden.
Überhaupt waren die Bartformen dieser Zeit sehr vielfältig.

In der zweiten Hälfte des 16. Jahrhunderts ging die Tendenz zu spitzem Kinnbart und *Henri-quatre-Bart* (nach Heinrich IV. genannter Knebelbart).
Neben dem Kinnbart setzten sich bis zum 17./18. Jahrhundert Spitz- und Knebelbärte durch.

Georg Heinrich v. Einsiedel um 1600
[119]

Hildebrand v. Einsiedel
(1560 - 1647) [120]

Heinrich Hildebrand v. Einsiedel
(1497 - 1587) [121]

Barttrachten der Frührenaissance

Friedrich II. Herzog zu Sachsen
(Gründete 1423 - 28 die Universität Leipzig)
[123]

Christus der Auferstandene (um 1500)
[124]

Bild links:
Charles de Morette
(Hans Holbein d. J.
1497 - 1543) [122]

Zwillichbart [125]

Johann Friedrich von Sachsen
(1468 - 1532) [126]

Heinrich VIII. (1491 - 1547)
(H. Holbein d. J.) [127]

Barttrachten der Hochrenaissance

Luther als Junker Jörg
(Lucas Cranach d. Ä. 1521)
[128]

Johannes Kepler [130]
(1571 - 1630)

Georg Ernst v. Henneberg (um 1582)
(Grafschaft Henneberg) [129]

Barttrachten der Spätrenaissance

Joachim II. (1535 - 1571)
Kurfürst von Brandenburg
[132]

Johann Comenius (1592 - 1670)
Theologe und Pädagoge [131]

Hans Holbein d. J.
(1497 - 1543)
Selbstbildnis [133]

Johann Wilhelm, Herzog
von Sachsen-Weimar
(1530 - 1573) [134]

Lucas Cranach d. Ä. Selbstbildnis [135]

Franz I. (um 1530, Jean Clouet) [136]

Bärtige Persönlichkeiten der Renaissance

Papst Julius II. (1443 - 1513) [137]

Papst Paul III. [138]
(1534 - 1549)

Kardinal Bembo [139]
(1470 - 1547)

Doge Andrea Gritti
[140]

Unterhaltsames

Nach dem Vorbild des englischen Herrscherhauses war seit Heinrich VIII. der Bart des 16. Jh. in England recht beliebt, doch auch umstritten.
Zu allen Zeiten und in allen Kreisen gab es Bartgegner. Manche waren aus den verschiedensten Gründen gegen jeglichen Bart, andere wieder der Meinung, Barttragen sei nur dem Herrscherhaus vorbehalten.
Die Einstellung der Bartgegner zeigte manchmal fast fanatische Züge. Bestimmungen und sogar Gesetze wurden erlassen, die aus heutiger Sicht schon mehr als kurios anmuten.

1542 durften die Mitglieder des "Lincoln's Inn" nicht in der Halle essen, wenn sie einen Bart trugen.
1553 wurde angeordnet, dass Mitglieder, die einen Bart tragen, 12 Pence extra pro Mahlzeit zahlen mussten.
1560 hob man diese Regel wieder auf.

In Frankreich ging es nicht weniger kurios zu.
1508 - 1513 wurde in Rouen (Nordfrankreich) eine Anordnung erlassen, nach der keine *falschen* Bärte getragen werden durften.
1535 durfte in Frankreich kein Mann mit einem langen Bart in den Gerichtssaal. Angeklagte bekamen nicht eher anwaltlichen Beistand, bevor sie sich rasierten.

Der französische König Heinrich II. (1547 -1559) musste eigens eine Kabinettorder erlassen, weil eine Diözese, wie es ihre Statuten vorschrieben, sich weigerte, den von ihm ernannten Bischof, der einen langen Bart trug, anzuerkennen.

1561 durften Angestellte der Sorbonne keine Bärte tragen.

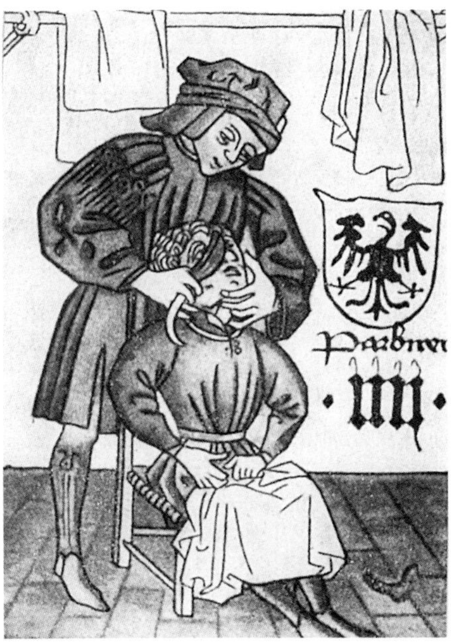

Der Barbier (1453 - 1457)

Holzschnitt aus einem höfischen Kartenspiel der Ambraser Sammlung zeigt, wie rasiert wurde. Der Barbier stand bei der Rasur hinter dem Kunden.
[141]

Nachdem der Bart fast ein Jahrhundert aus der Mode verschwunden war, verspottete in seinen Predigten *Geiler von Kaysersberg* (Volksprediger, 1445-1510) die neuen Bartmoden: "Etliche tragen Knebelbärte, etliche hond ein klein Stücklin an den Backen ston, es will jeglicher etwas besunders tragen, und ist alles Narrenwerk."

Des Friseurs Amt ist und bleibt das Rasieren,
solange es Bärte auf der Welt gibt.
Béla Gádor

Mein Herr Barbier hat eigene Gaben:
Er tut so gravitätisch langsam schaben,
Dass, während er zur Linken ist,
Der Bart zur Rechten wieder sprießt.
Heinrich Voß

Hans Steiniger, Bürgermeister von Braunau bis 1567, dessen Bart bedeutend länger war als hier gezeigt, soll des öfteren über selbigen gestolpert und lang hingestürzt sein.
[142]

Kapitel 9

Spanien

Ferdinand I. [143]

SPANIEN im 16./17. Jh.

Durch den im 16./17. Jahrhundert in Spanien herrschenden Absolutismus mit einer fanatischen Kirchenbewegung (ab 1480 Inquisition) und des Beginns der Kolonialisierung (seit der Entdeckung Amerikas) gelangte Spanien zur Weltmacht.
Es wurde Zentrum der Gegenreformation und nahm damit Einfluss auf ganz Europa.
Die humanistischen Wissenschaften verkümmerten unter der Zensur der Inquisition.
Die Kunst unterwarf sich der Kirche. Selbst der Adel büßte seine politische Freiheit ein.
Die Regierung Philipp II. (1556 - 1598) glich einem militärischen Reglement.
Die höfische Etikette schrieb sogar Form und Farbe der Kleidung bis in alle Einzelheiten vor.
Noch bis 1826 gab es in Spanien durch die Inquisition Hinrichtungen.

In England regierte von 1558 - 1603 Elisabeth von England. 1587 ließ sie Maria Stuart hinrichten. Heinrich VIII. führte die Reformation in England ein.

Kultur und Technik in Europa

Die Weiterentwicklung der Technik wurde durch die Inquisition stark gehemmt. Erfindungen, die nicht im Sinne der Kirche waren, wurden als ketzerisch abgelehnt.
1504 Peter Henlein (etwa 1485 - 1542) konstruierte die ersten Taschenuhr.
1590 Erfindung des Mikroskops (Zacharias Janssen, 1580 - 1638)

Persönlichkeiten der Zeit

Malerei - El Greco , Ribera, Velazquez, Murillo (1618 - 1682)
Literatur - Lope de Vega, Calderon, Cervantes
Molière, Christopher Marlowe (1564 - 1593), William Shakespeare,
Sir Francis Drake

Bartspezifisches

Zur Zeit der spanischen Weltmode bevorzugten die Herren kleine Oberlippenbärte, dazu spitze Kinnbärte (größere Bärte ließ sicher die Mühlstein-Kragen-Mode nicht zu).
Der kurze Doppelspitzbart hielt sich auch in der spanischen Mode.
Heinrich III. von Frankreich (1574 - 1589) trug einen stutzerhaften, mondänen Spitzbart mit Fliege und Oberlippenbart.
Selbst auf England und Deutschland griff die spanische Bartmode über.
Abweichungen waren kaum vorhanden.

[Abb.144]

Es geschah oft, dass aus Respekt vor ihren Königen, am Hofe und unter dem Volk, die Barttracht des Herrschers übernommen wurde.
So blieben am spanischen Hof - zu Ehren ihres Königs, dem wohl kein Bart wuchs - auch seine Untertanen bartlos.

Spanische Soldaten 16. Jahrhundert [145]

William Shakespeare
(1564 - 1616) [146]

Philipp IV. v. Spanien
(um 1624) [147]

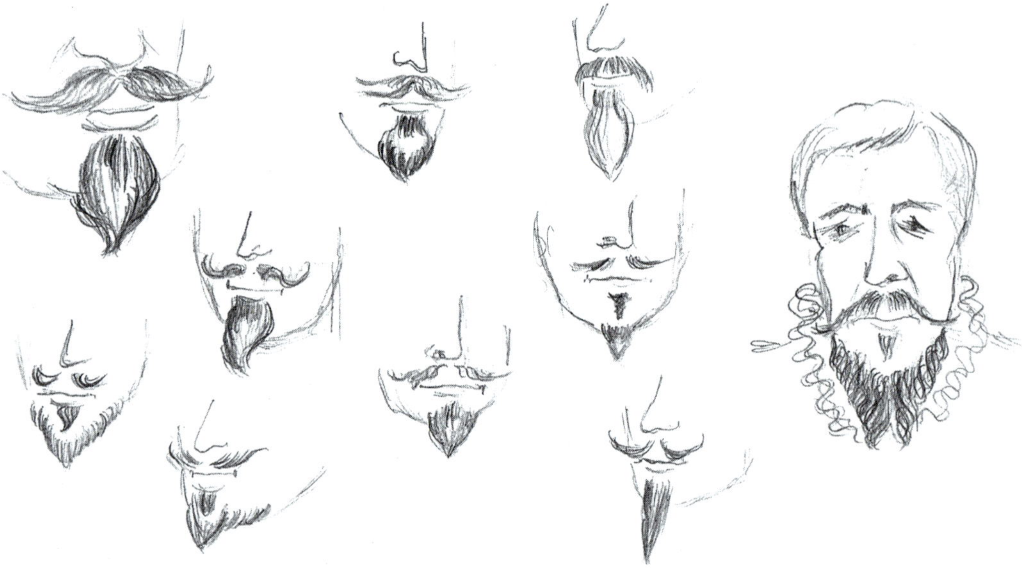

Spanische Kinn- und Oberlippenbärte [148]

Kapitel 10

[Abb.149]

Barock

August d. Starke (1670 - 1733) [150]

BAROCK etwa 1600 - 1720

Die Zeit des Barocks ist in drei Abschnitte gegliedert :

1. Frühbarock - Zeit des 30jährigen Krieges (1618 - 1648)
2. Hochbarock - etwa 1650 - 1675
3. Spätbarock - etwa 1675 - 1715 unter Einfluss Ludwig XIV.

Kardinal Richelieu (1585-1642) [151]

Der 30jährige Krieg brachte in seinem Verlauf die Vormachtstellung Spaniens in Europa zu Fall. Söldnerheere plünderten und verwüsteten deutsche Territorien und stürzten das Land in ein wirtschaftliches Chaos. Als Folge des entstandenen Elends wüteten in Europa Seuchen, die ganze Städte aussterben ließen.
In Frankreich herrschten Richelieu und seine Kardinäle.

In England war Revolution unter Oliver Cromwell.
Es fand ein Führungswechsel von den bürgerlichen Ständen zum Adel und zur Geistlichkeit statt.

Nach dem 30jährigen Krieg trat der französische Hof seine Jahrhunderte währende Weltherrschaft an.

Es war das Zeitalter des Absolutismus in Frankreich unter der Herrschaft Ludwig XIII. (1610 - 1643) und Ludwig XIV. (1643 - 1715).
Die Einflüsse des Spätbarock gingen auf ganz Europa über.

Kultur und Technik

Entstehung der Oper als Ausdruck fürstlicher Kunst
Ursprung der Commedia dell'arte (italienische Stegreifkomödie)
Entstehung von Baudenkmälern beispielgebend für ganz Europa, z.B. Schloss Versailles, Louvre / Paris
1642 Erfindung der ersten Rechenmaschine (Blaise Pascal, 1623 - 1662)
1683 Entdeckung der Bakterien (Antoni van Leeuwenhoek, 1632 - 1723)

Persönlichkeiten der Zeit

Malerei - Rubens, Rembrandt, Caravaggio, Lebrun, Poussin, Watteau
Baumeister - Bernini, Pöppelmann (Dresdner Zwinger), Schlüter (Berliner Schloss)
Literatur - Molière, Grimmelshausen
Musik - Monteverdi, Scarlatti, Händel, Bach, Schütz
Bildhauer - Permoser
Naturwissenschaften - Isaac Newton, Leibnitz (gilt als das größte Universalgenie)

Haar- und Bartmode

Im Frühbarock trug man längeres Haar und vielfältige Bartformen. Je länger das Haar wurde, desto kleiner wurde der Schnauzbart, und um so mehr verkümmerte der Spitzbart zu einer kleinen Kinnfliege. Schwarzes Haar war bevorzugte Modefarbe. Man trug große Federhüte (Musketiere).
Erst seit dieser Zeit war es üblich, den Hut in geschlossenen Räumen abzunehmen.

Haar- und Barttracht zur Zeit des 30jährigen Krieges [152]

Geistlicher um 1660 (span. Knebelbart) [153]

In dieser Epoche waren die Soldaten in der Mode tonangebend.
Im Hochbarock wurde die Frisur der Männer immer üppiger und glich bald einer Löwenmähne.
Da Ludwig XIV. nicht gerade über einen stattlichen Haarwuchs verfügte, griff er zur Perücke und fand damit rasch Nachahmer. Diese "Zweitfrisur" wurde immer mehr erweitert und vergrößert. Die Allongeperücke war geboren.
Sie nahm ungeheure Ausmaße an und kostete nicht selten bis zu 1000 Talern. Löwenbraun, Gelb und Feuerrot waren bevorzugte Farben, später gepudertes Weiß. Das eigene Haar wurde kurz gehalten oder rasiert. In der Nacht kam die Perücke auf einen Holzständer und der Kopf bekam eine Nachthaube.
Zur Allongeperücke war der Mann weitgehend bartlos.
Die Geistlichkeit wehrte sich besonders gegen diese Mode und verdammte die Perücke mitunter sogar als "Teufelswerk".

Bartformen des Frühbarock

Die Anatomie des Dr. Tulp (Ausschnitt Rembrandt) [154]

Herzog Johann Philipp
(1597 - 1639) [155]

Bernhard, Herzog zu Sachsen-Weimar
(1604 - 1639) [156]

Körperpflege

Die Vornehmen dieser Zeit scheuten sich vor Wasser. Sie waren der Meinung, dass Waschen oder gar Baden die Haut schwäche und verweichliche, ja sogar der Gesundheit schade.
Die Badestuben blieben aus Furcht vor Ansteckung und Seuchen leer. Lästiges Ungeziefer machte sich breit. Mit duftenden Riechnäpfchen versuchte man vergebens, üblen Geruch zu überdecken.
Unter Ludwig XIV. waren die hygienischen Gewohnheiten bei Hofe sehr verwahrlost. Ihren Ursprung hatte diese Sittenlosigkeit wohl im Verhalten Heinrichs IV. (Großvater Ludwigs XIV.). Er soll sich nur selten gewaschen haben, und auch sonst ein sittenloser und vulgärer Mensch gewesen sein.

Bartspezifisches

Aus dem Kinnbart der spanischen Mode wurde zur Zeit des 30jährigen Krieges der geteilte Spitzbart, später die Fliege zu einem schmalen Schnurrbärtchen. Diese Art *Musketierbart* wurde in Form und Gestalt zahllosen Veränderungen unterworfen. Es gab die verschiedensten Varianten. Das Militär trug nicht unwesentlich zur Verbreitung dieser Bartform bei.

Kurioses

1642 verbot der Stadtrat von Hamburg das Baden und bestimmte:

> *"Leute, die ins Wasser gehen, baden und schwimmen gleich den Gänsen und Enten, sind empfindlich zu bestrafen."*

Haubold v. Einsiedel
(1627 - 1687) [157]

Abraham v. Einsiedel
(1654 - 1706) [158]

Mit dem Aufkommen der Perücke blieb zunächst ein schmales Oberlippenbärtchen und eine Fliege am Kinn, auch *Van-Dyck-Bart* genannt (van Dyck, 1599-1641).

Im Spätbarock war der Bart dann total aus dem Gesicht verschwunden, mit Ausnahme eines von manchen Herrschern favorisierten kleinen Oberlippenbartes (Kaiser Leopold I. 1658 - 1705). Ein sogenanntes *Chevalier-(Ritter)-Bärtchen* war das Privileg der königlichen Elite. Am Ende des Jahrhunderts verlor sich das Chevalier-Bärtchen in zwei kleine Pünktchen, auch *Mouche* (franz. Fliege) genannt.

Herzog Friedrich Wilhelm II.
(1603 - 1665) [160]

Herzog Friedrich I.
(1646 - 1691)[159]

(um 1680) [161]

Vereinzelt waren neben Kinnbärten noch Spitz-und Knebelbärte zu finden, ganz sicher aber nicht zur Allongeperücke.
Ein Extrem war z.B. auch der Hofbildhauer Dresdens, Permoser, er trug einen voluminösen Vollbart.
(Künstler hatten zu jeder Zeit ihre eigene Mode). In der Regel setzte sich aber die Hofmode durch.

Jean-Baptiste Molière (1622 - 1673) [162]

Herzog Ernst der Fromme v. Sachsen-Gotha (1601 - 1675) [163]

Kapitel 11

Sanssouci [164]

Rokoko

Friedrich II. (der Große) (1712-1786) [165]

ROKOKO 1720 - 1789

Das Rokoko war eine Verfeinerung des höfischen Stils des Barocks.

Es ist in drei Abschnitte gegliedert:

Frührokoko von 1720 - 1750 (Regence)
Hochrokoko von 1750 - 1780
Spätrokoko von 1780 - 1789

Die industrielle Revolution bestimmte die wirtschaftliche Entwicklung in England, das zu dieser Zeit schon die ersten Streikaktionen des Proletariats erlebte. Maschinen verdrängten Muskelkraft.
Die bürgerliche Revolution schuf letztlich die kapitalistische Ordnung.
In Frankreich regierte Ludwig XV.
In der zweiten Hälfte des 18. Jahrhunderts, als die Ideale der französischen Revolution heranreiften, nahmen die Widersprüche zwischen Adel und Bürgertum extrem zu.

Kultur und Technik

Entdeckungen und Erfindungen :
Elektrizität - Dampfmaschine - Webmaschinen - Eisenhütten
Porzellanherstellung in Meißen (Königlich-sächsische Porzellanmanufaktur)
Bauwerke - Schloss Sanssouci in Potsdam

Persönlichkeiten der Zeit

Literatur - Voltaire, Rousseau
Goethe, Schiller, Lessing, Wieland
Malerei - Boucher, Fragonard
Musik - Haydn, Mozart

Haar- und Bartmode

Die Allongeperücke schrumpfte gewaltig - wurde zur Zopfperücke (Rokokoperücke). Da die Modefarbe weiß war, trug man die Perücke ebenfalls in weiß. Oft wurde aber auch das eigene Haar weiß gepudert und im Nacken mit kostbaren Bändern zusammengebunden. Bei den Rokokofrisuren konnte man die wunderlichsten Formen finden. Sie waren an Vielfältigkeit kaum zu überbieten. In den 30er Jahren wurde der Zopf dann in einem Haarbeutel versteckt.

Das Militär trug einen mit Bändern umwickelten Zopf, eingeführt unter Friedrich Wilhelm I. von Preußen (1713 - 1740). Erst Anfang des 19. Jahrhunderts wurde beim Militär der Zopf wieder abgeschafft.
Da es in dieser Zeit Bärte höchst selten gab, konzentrierte sich der Mann auf sein Haupthaar.
Nicht einmal der Beginn der Revolution konnte das gepuderte Haar besiegen. Erst 1793, nach der Hinrichtung Ludwig XVI., wurde der überspitzten Hofmode jäh ein Ende gesetzt.

Körperpflege

Das galante Jahrhundert war zugleich das Jahrhundert des Ungeziefers. Nicht nur Läuse fand man in den Frisuren, selbst Mäuse gab es in den hohen Gestellfrisuren der Damen. Gegen das unerträgliche Jucken wurden Kopfkratzer verwendet.
Auch die selten gewechselte Unterwäsche beider Geschlechter trug zu einer unvorstellbaren Ungezieferplage bei. In guter Gesellschaft war es aber nur erlaubt, an die geplagten Stellen zu klopfen, man durfte sich auf keinen Fall kratzen.
Auch auf die Sauberkeit des Körpers legte man keinen Wert.
Baden galt als geradezu gesundheitsschädigend. Im ganzen Schloss Versailles gab es keine einzige Badewanne. Nur nach dem Essen tauchte man die Fingerspitzen in warmes, parfümiertes Wasser. Körpergeruch versuchte man durch Parfüm zu überdecken.
Arme und Gesicht wurden weiß gepudert. Durch den Gebrauch von Bleiweißpuder kam es zu Hautpusteln und Pickeln bis hin zu Furunkeln. Pflästerchen waren oft das einzige Gegenmittel. Man trug es in verschiedenen Formen. So entstand das Schönheitspflästerchen (Schönheitspunkt). Männer und Frauen trugen gleichermaßen Rouge.

1786 war im Journal des Luxus und der Moden zu lesen: *"Es wird wohlgetan sein, sich das Gesicht nicht mehr als einmal alle 8-12 Tage zu waschen....".*

Bartspezifisches

Bis zur französischen Revolution war das 18. Jahrhundert das bartloseste aller Zeiten.
Selten trug man zur Perücke einen Oberlippenbart.

La Fayette
(1757 - 1834)
[166]

Friedrich Wilhelm Heinrich v. Trebra
Wissenschaftler (1740 - 1819) [167]

Kapitel 12

Frankreich

zur Zeit der

Französischen Revolution

"Die Freiheit führt das Volk auf die Barrikade" v. Eugéne Delacroix [168]

FRANKREICH zur Zeit der FRANZÖSISCHEN REVOLUTION 1789 - 1799 und bis 1848

Kaiser Napoleon I.
[169]

Die einzelnen Abschnitte dieser Zeitepoche :

Französische Revolution	(1789 - 1795)
Direktorium	(1795 - 1799)
Konsulatszeit	(1799 - 1804)
Empire (1. Kaiserreich)	(1804 - 1815)
Restauration	(1815 - 1830)
Julirevolution und anschl. bürgerl.-liberale Monarchie unter Louis-Philippe v. Orléans	(1830 - 1848)

Französische Revolution 1789 - 1795

Nach der Erstürmung der Bastille durch Pariser Volksmassen folgte die Abschaffung aller Feudalrechte und die Verkündung der Menschen- und Bürgerrechte.

Losungswort der Revolution: Liberté, Egalité, Fraternité

Tausende Adelige, aber auch Gelehrte und Künstler, kamen unter die Guillotine.
Der tobenden Revolution fielen am Ende auch ihre Anführer zum Opfer (Robespierre 1794).
1792 wurde die erste Republik ausgerufen.
Nach dem Sturz der Jakobiner (radikale Republikaner, seit 1791 unter Führung Robespierres) wollte man allerdings von Gleichheit nichts mehr wissen.
Schnelljustiz und Guillotine regierten. Die Revolution hatte sich verselbständigt.
2747 Todesurteile wurden allein 1793 vollstreckt.

Kultur und Technik

Einführung einer Verfassung - allgemeine Wehrpflicht - Kalenderreform
Als erstes Land der Welt führte Frankreich das metrische System ein.
Erstes bürgerliches Gesetzbuch (Code Napoleon)
Bau des Brandenburger Tores (nach griechischem Vorbild)
1800 Erfindung der Batterie (Alessandro Volta)
1817 Entdeckung des Chlorophylls (Pelletier und Caventou)
1823 wurde von dem Pariser Hutmacher Gibus der zusammenklappbare Zylinder *Chapeau claque* erfunden.
1825 erfolgreiche Fahrt der ersten Eisenbahn (gebaut von George Stephenson)
Die erste deutsche Eisenbahn fuhr 1835 von Nürnberg nach Fürth.
Erfindung von Telegrafie und Fotografie

Persönlichkeiten der Zeit

Literatur - Rousseau, Voltaire, Kleist, Büchner, Goethe, Schiller, Stendhal Balzac, Gogol, Heine, Eichendorff, Hölderlin, Uhland, Mörike, Arndt E. A. Poe, Hugo, Puschkin

Malerei - David, Courbet, Proudhon, Delacroix, Goya, Spitzweg, Richter Schwindt, C. D. Friedrich, Runge

Musik - Beethoven, Chopin, Schubert, Clara Schumann, R. Schumann, Auber Mendelssohn-Bartholdy, Donizetti, Rossini, Weber

Philosophie - Kant, Hegel, Marx, Engels

Naturwissenschaft - Laplace (Astronom, Mathematiker), Humboldt, Darwin Coulomb (Physiker)

Körperpflege

Die natürliche Körperpflege setzte sich erneut durch. Perücken kamen völlig aus der Mode.
Reinigung und Pflege der Haut, mittels Waschschalen auf eisernen Gestellen, nach griechischen Vorbildern.
Grundlage der Körperpflege war das Reinigen mit Wasser und Seife.
Napoleon verzichtete selbst während seiner Feldzüge nicht auf sein tägliches Bad. Zu diesem Zweck führte er eine Lederwanne mit sich.
Schminke und Puder wurden nur sparsam verwendet, aber auch Parfüms und Toilettenwässerchen waren in Gebrauch.
Allgemein wurde die Körperpflege wieder als selbstverständlich betrachtet.

Haar- und Bartmode

Männer und Frauen trugen ihr Haar fast identisch (kurz, à la römischer Tituskopf oder glatt nach vorn gekämmt wie Napoleon).
Im Bemühen um mehr Individualität kam der Bart wieder in Mode.
Zunächst nur von Soldaten getragen, gewann er auch außerhalb der Armee bald seine Liebhaber.

Bartspezifisches

Mit Beginn der Revolution wurden zum Teil wild zottelige Bärte getragen, oft blieben die Gesichter aber auch bartlos.
Bei der Nationalgarde, den Männern in Bürgeruniform, wurden Kinn- und Backenbärte modern.
Da dem Bart noch bis Mitte des 19. Jahrhunderts der Verdacht politischer Opposition anhaftete, dürften viele brave Bürger wohl auch deshalb darauf verzichtet haben.

Mitglied des Konvents
(David - Paris Louvre)
[171]

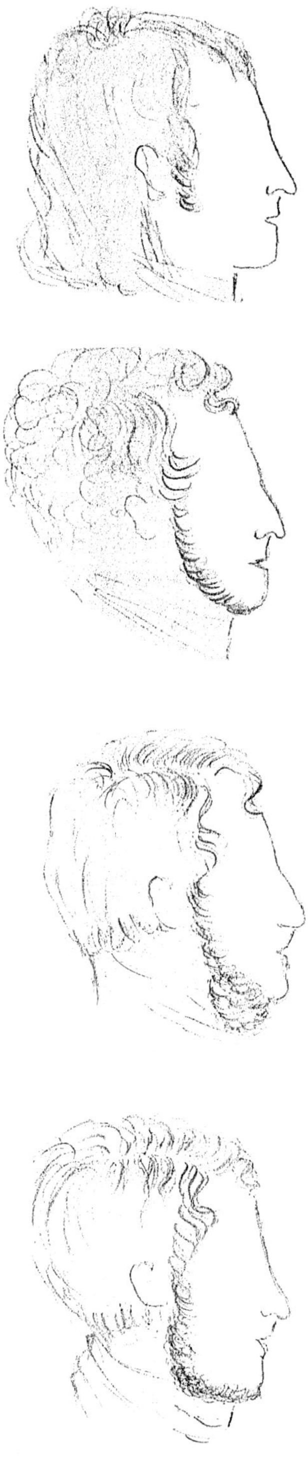

Entwicklungsformen des Bartes dieser Zeit
von Koteletten zur Bartfräse. [170]

Direktorium (Directoire) und Konsulatszeit 1795 - 1804

Die Ordnung in Frankreich wurde durch das Direktorium, einer Art Regierungskollegium von fünf Männern, wiederhergestellt.
Das Direktorium war eine Regierungsbehörde des Großbürgertums und entstand erst am Ende der Revolution.
Die Politiker nahmen sich Macht und Größe des römischen Weltreiches zum Leitbild.
Am 9. November 1799 stürzte Napoleon Bonaparte die Direktorialregierung und setzte eine aus drei Konsuln bestehende Regierungsbehörde ein. Er selbst machte sich zum Ersten Konsul. Damit war die Französiche Revolution praktisch beendet.

Haar- und Bartmode

Die Vorliebe ging in Richtung englischer Mode - kurzes Haar (gelegentlich mit Stirnlocke wie Napoleon) auch gelocktes Haar, vom Wirbel aus frisiert, dazu Koteletten.
Stutzer bevorzugten schulterlanges, zotteliges Haar und trugen einen Zweispitz mit Revolutionskokarde (Abzeichen in Form einer Rosette).

Bartspezifisches

Aus den Koteletten entstand der Backenbart, der nach und nach etwas länger wurde.
In der Armee wurde Oberlippenbart in vorgeschriebener Größe getragen (Pflicht für Husaren und Grenadiere).
Wem der natürliche Bart versagt blieb, der war gehalten, sich einen falschen Bart anzulegen. Blonde Bärte wurden dunkel gefärbt.
Die Wangen zierten vorerst kürzere, dann bis zum Kinn reichende, schmale Bartstreifen, die *Favoris.*

Es gab zwei Formen:

1. die französische - entsprachen Koteletten
2. die englische - mit langen, senkrecht nach unten verlaufenden, bis über das Kinn hinausragenden Enden.

Der Ausgangspunkt der Backenbärte und Bartfräsen war die englische Bartmode.
Um 1800 kamen in England Koteletten auf, die länger wurden, sich zum Backenbart und schließlich zur Bartkrause entwickelten, die dann das ganze Gesicht umrahmte.

Christian Dahlmann
Historiker
(1785 - 1860) [172]

Karl Philipp Fürst
zu Schwarzrnberg
(1771 - 1820) [173]

Ferdinand von Schill
(1776 - 1809) [174]

Fürst Gebhard Leberecht von Blücher
Marschall "Vorwärts"
(1742 - 1819) [175]

Die kunstgerechte Frisur trage wesentlich zum lieblichen Aussehen ihrer Trägerinnen bei, während beim Mann vor allem der Bart die Charakterzüge offenbare. *Diderot*

Empire 1804 - 1815

Napoleon Bonaparte ließ sich 1804 zum Kaiser krönen. Er gab der neuen Gesellschaftsordnung u. a. mit dem *Code civil* eine Rechtsgrundlage, aber das Ergebnis war keine bürgerliche Demokratie, sondern eine Militärdiktatur. Er führte bis zu seiner endgültigen Niederlage 1815 mit halb Europa Koalitionskriege.

Haar- und Bartmode

Kurze, gewellte, gescheitelte Frisuren, Tituskopf oder Windstoßfrisuren nach Art Napoleons
Backenbart, bzw. glatt rasiert
Deutsche Studenten trugen aus Protest gegen Napoleon das Haar lang.

Bartspezifisches

1805 begannen Stutzer (Gecken) ein zierliches, schmales Oberlippenbärtchen zu tragen, dessen Enden leicht nach oben gezwirbelt wurden, was sich jedoch wenig verbreitete.

Philipp Otto Runge
Selbstbildnis (1801) [176]

Dr. Wilhelm Crusins
(1790 - 1858) [177]

Restauration 1815 - 1830

Nach Napoleons Niederlage 1815 kam es zur Machtübernahme durch Ludwig XVIII., der sich um die Restauration der politischen und kulturellen Verhältnisse aus der Zeit vor der Revolution bemühte.

Haar- und Bartmode

Das Dandytum der englischen Mode verbreitete sich von England rasch über den ganzen Kontinent und hatte berühmte Männer unter seinen Anhängern.
Man trug meist scheitelloses, gekraustes, pomadisiertes Haar, lange Koteletten (Backenbart), höchst selten Schnurr- oder Kinnbart.
Offiziere scheitelten ihr Haar zum Teil bis in den Nacken und ließen den Scheitel mitunter ausrasieren.

Bartspezifisches

Koteletten wurden zur Bartfräse indem sie unter dem Kinn zusammenwuchsen, dazu wurde teilweise auch ein schmaler Oberlippenbart getragen.
In den 30er Jahren kam die Unterlippenfliege dazu - in den 40ern ließen sich vornehmlich Männer mit revolutionärer Gesinnung einen Vollbart wachsen.

Nach der Restaurationszeit durften nur Offiziere der französischen Armee noch Schnurrbärte tragen.
Überreste dieses Brauches verschwanden erst zu Beginn des 20. Jahrhunderts.

König Georg v. Hannover (1819 - 1878) [178]

Sir Edward George Bulwer (1837)
(Lord Lytton of Knebworth) [179]

Kapitel 13

Biedermeier

Die Mitglieder des Hamburger Künstlervereins 1840 [180]

BIEDERMEIER 1815 - 1848

Mit der industriellen Revolution in England war das Maschinenzeitalter angebrochen.
Durch starke Industrialisierung kam es zur Massengüterproduktion.
Die Eisenbahn löste die Postkutsche ab.
Es entwickelte sich das Industrieproletariat. Handwerksbetriebe gingen in großer Zahl bankrott.
Die Staaten Europas erweiterten ihre Kolonialreiche in Afrika und Asien.
Arbeitslosigkeit und Krisen führten zur Verarmung des Proletariats.
Mit der Julirevolution 1830 wurde in Frankreich die vom Wiener Kongreß wieder auf den Thron gesetzte Bourbonen-Monarchie endgültig beseitigt.
1834 - Lyoner Seidenweberaufstand
1844 - Weberaufstand in Deutschland
1848 - Bürgerliche Revolution in Deutschland

Kultur und Technik

In Wien entstanden zahlreiche Theater
1824 - Erfindung des Portlandzementes (J. Aspdin)
1827 - Entdeckung der Molekularbewegung (R. Brown)
1831 - Erfindung des Generators und des Transformators (Faraday)
Erfindung des Elektromotors (J. Henry)
1839 - Entdeckung der Antarktis (Ch. Wilkes)

Persönlichkeiten der Zeit

Literatur - F. Grillparzer, E. Mörike, A. Stifter
Malerei - C. Spitzweg, J. P. Hasenclever, J. Oldach, Heinrich von Rustige
Naturwissenschaft - Faraday, Kirchhoff, Schweigger (Physiker)

Körperpflege

In der Biedermeierzeit verstand sich die Körperpflege als selbstverständlich in allen Schichten der Bevölkerung.

Haar- und Bartmode

Um 1816 ließen sich Studenten die Haare wieder lang wachsen "wie es ehemals eines freien Mannes für würdig galt".
1848 waren Bart und langes Haar Zeichen von Freigeist und demokratischer Gesinnung.

Bartspezifisches

Backenbart trug man schon unmittelbar nach der Französischen Revolution. In den 20er Jahren kam ein kleiner Oberlippenbart hinzu und um 1830 die Kinnfliege. Bis sie in den 40er Jahren zum Vollbart zusammenlief, erregte diese Barttracht viel Aufsehen. Der Bart machte seine Träger politischer Umtriebe verdächtig. In manchen Staaten war er sogar verboten.

In Modena (Italien) z.B. konnte die Regierung einen Barbier einsetzen, der unbarmherzig die liberalen Symbole - den Backen- und Schnurrbart - abrasierte.

Um 1837 kam auch in bürgerlichen Kreisen der Schnurrbart wieder auf, der zunehmend an Gestalt und Größe gewann.

In Preußen war es Postbeamten noch 1846 untersagt, Schnurrbärte zu tragen, da Bartträger auch hier oft im Verdacht standen, politisch aktiv zu sein.

Herzog Joseph
(1789 - 1868) [181]

Turnvater Jahn
(1778 - 1852) [182]

Heinrich Heine
(1797 - 1856) [183]

Johann Philipp Petersen
(Otto Runge) [184]

Kapitel 14

[Abb. 185]

Zweites Rokoko

Viktor - Emanuel - Bart [186]

ZWEITES ROKOKO 1848 - 1870

Besonders in Frankreich und Deutschland wurde der Rokokostil Mitte des 19. Jh. wieder belebt. Er wird als 2. Rokoko oder das moderne Rokoko bezeichnet. In Frankreich fällt es mit der Zeit des 2. Kaiserreiches zusammen.
In Deutschland besonders verbunden mit König Ludwig II. von Bayern (Schlösser Herrenchiemsee und Neuschwanstein).

Trotz der Niederlage der Revolution von 1848 schritt die industrielle Revolution voran.
Die Großbourgeoisie beherrschte Europa. Die Geldaristokratie suchte ihre Vorbilder bei den französischen Königen.
In dieser Zeit entstand die *Haute Couture*, die den Reichtum der Bourgeoisie repräsentierte.
Der Hofadel teilte sich seinen Platz mit dem Geldadel und beide versuchten, sich im Luxus zu überbieten.
Die Modeindustrie entwickelte sich zu einer leistungsfähigen Großindustrie.

In Frankreich wurde 1848 Prinz Louis Napoleon zum Präsidenten der Republik gewählt. Nach einem Staatsstreich 1851 ließ er sich zum Kaiser ausrufen und bestieg 1852 als Napoleon III. den Thron.

In Deutschland war die Zeit der Reformbewegung. Künstler, Ärzte und Frauenrechtlerinnen zählten zu ihren Anhängern.
1857 - 1859 war die erste große Weltwirtschaftskrise.
1865 - Abschaffung der Negersklaverei
1870/71 fand der Deutsch-Französische Krieg statt.

Kultur und Technik

Der Zeitgeist wurde vorwiegend durch die Erkenntnisse von Wissenschaft und Technik bestimmt.
1855 - Erfindung des Seismographen (L. Palmieri)
1860 - Erfindung der Verbrennungskraftmaschine (J. J. É. Lenoir)
1861 - Erste Sprachübertragung (Telefon, Philipp Reis)
1863 - Entdeckung des Treibhauseffektes (J. Tyndall)
1866 - Erfindung des Dynamits (A. B. Nobel)
1869 - Eröffnung des Suezkanals

Großstädte wurden Zentren neuer Lebensformen
Zunehmender Ausbau der Verkehrsnetze (Eisenbahn, Straßen)
Einführung der allgemeinen Schulpflicht in Deutschland

Persönlichkeiten der Zeit

Literatur - Gebrüder Grimm, Büchner, Heine, Freiligrath, Hugo, Dumas, Gogol
Zola, Dickens, L. Tolstoi, Jules Verne, Fritz Reuter, Uhland, Fontane

Philosophie - Feuerbach, Engels, Marx (1867 Das Kapital)
Malerei - Menzel, Manet, Toulouse-Lautrec, L. Richter
Musik - Gounod, Offenbach, Verdi, Wagner, Liszt
R. Schumann, Bizet
Naturwissenschaften - Kelvin, Darwin, Mendel, Pasteur
Mendelejew

Friedrich Engels
(1820-1895) [187]

Haar- und Bartmode

Man bevorzugte Windstoßfrisur oder lockige Seiten- und Nackenhaare mit langen Koteletten.
Monarchisten hielten sich bartlos.
Politisch Andersdenkende konnte man mit Schnurrbart, teils mit Kinnbart vorfinden.
Besonders typisch für diese Zeit war auch der hohe Zylinder als Kopfbedeckung.

Körperpflege

Wer etwas auf sich hielt, besuchte ein Seebad. Aber noch scheute man sich vor dem Baden.
Tägliches Waschen mit Wasser und Seife war dagegen durchaus üblich.
Badewannen gab es jedoch kaum. Wilhelm I. musste sich eine Wanne in Hotels ausleihen, wollte er baden, denn im Berliner Schloss war keine Badewanne eingebaut.

Bartspezifisches

Es war eine Blütezeit der Bartmode. In ihrer Vielfalt vergleichbar der Renaissance. Bärte wurden in verschiedenen Formen getragen, auch Vollbart wurde wieder salonfähig. Beliebt waren Kombinationen aus Schnurr- und Backenbärten.
Auch dienten wieder die jeweiligen Herrscher als Vorbild, z.B. Napoleon III. (1808 -1873) Schnurrbart und Knebelbart, Wilhelm I. (1797 - 1888) ausrasierter Backenbart.
Nach 1848 trugen vor allem ältere Männer, besonders aber Künstler und Schriftsteller, meist Vollbärte.
Reaktionäre und Kaisertreue bevorzugten üppigen Backenbart mit Schnurrbart, wie er von den Kaisern Wilhelm I. und Franz Joseph I. (1848 - 1916) getragen wurde.
Als der Backenbart breiter wurde, entstand daraus der W-Bart, auch Kaiserbart genannt (nach Wilhelm I.).

Kaiser Wilhelm I. (1871 - 1888)
[188]

Zum Handwerkszeug des Herrenfriseurs kamen jetzt noch neben Kamm, Schere und Rasiermesser sogenannte Barteisen, zum Formen und Kräuseln des Bartes, hinzu. Um den Bart in der gewünschten Form zu erhalten, wurde Bartwichse verwendet. Um 1860 setzte sich der Henri-quatre-Bart (Spitzbart) wieder durch, den Napoleon III. (1852 - 1870) zu einem gezwirbelten Schnurrbart (Zwirbelbart) trug. Der Bart der Herrscher war Vorbild, ohne jedoch andere Bartformen zu verdrängen.

Um 1900 galt der Bart als Zeichen des reifen und freien Mannes. Am Bart erkannte man aber mitunter auch Anarchisten und Terroristen. Zumindest glaubten das einige übereifrige Staatsdiener.

Graf. v. Auersperg
(1806 - 1876) [189]

Napoleon III. (um 1855)
[190]

"Lord Dundreary" [191]
(E.A. Sothern um 1880)

Roderich Benedix [193]
Schriftsteller (1812 - 1870)

Charles Dickens (1812 - 1870)
[192]

Bartformen der Zeit
[194]

Bartformen der Zeit [195]
(Don.M. Dickinson, Politiker)

Bill Cody "Buffalo Bill" (1846 - 1917)
[196]

Kapitel 15

[Abb. 197]

G r ü n d e r z e i t

Wilhelm I. (1871-1888) [198]

Friedrich III: (1888) [199]

Wilhelm II. (1888-1918) [200]

Die drei letzten Kaiser des Deutschen Reiches

GRÜNDERZEIT 1870 - 1890

Die Weltwirtschaftskrise der 80er Jahre war abgeklungen.
Industrie und Kolonien schienen Quellen unerschöpflichen Wohlstandes und brachten einen großen Fortschritt der Technik und Produktion mit sich.
Viele bedeutende Erfindungen wurden gemacht.
Nach dem Deutsch-Französischem Krieg 1870/71 gab es viele Neureiche.
Wirtschaftliche Unternehmungen und Aktiengesellschaften wurden in großer Zahl gegründet.

1861 - Aufhebung der Leibeigenschaft in Russland
1869 - Gründung der Sozialdemokrat. Arbeiterpartei (Bebel, Liebknecht)
1871 - Reichsgründung durch Bismarck - Wilhelm I. wird Kaiser (1871 - 1888)
1888 - Friedrich III. wird Kaiser für nur 99 Tage († 1888)
1888 - Wilhelm II. zum Kaiser gekrönt (1888 - 1918)
1889 - 1. Mai wird zum Tag der Arbeit erklärt

Kultur und Technik

Werner von Siemens baute die erste elektrische Lokomotive.
Die Elektrizität war als Energiequelle erschlossen, Fotografie und Kino wurden vervollkommnet.
Nikolaus Otto baute den Verbrennungsmotor, das Auto war erfunden, das Fliegen nahm seinen Anfang, Sport entwickelte sich zur Massenbewegung.
Bauwerke - Städtische Gebäude, Bahnhöfe, Rathäuser
Als Symbol technischen Fortschritts wurde 1889 zur Pariser Weltausstellung der Eiffelturm fertiggestellt.
Konrad Duden gab das erste "Orthographische Wörterbuch der deutschen Sprache" heraus
1876 - erste Wagner-Festspiele in Bayreuth
1878 - Gründung des Weltpostvereins und der Heilsarmee (London)
1883 - Eröffnung der Metropolitan Opera in New York
1886 - New York erhält die Freiheitsstatue von Frankreich als Geschenk

Persönlichkeiten

Philosophie - Nietzsche
Literatur - Fontane, Ibsen, G. Keller
Malerei - Menzel, Liebermann, Käthe Kollwitz, Repin, Monet, van Gogh, Cézanne, C. Spitzweg, Th. Storm
Musik - Smetana, Liszt, Wagner, Haydn, Puccini, Tschaikowski, Brahms, G. Verdi, J. Strauß (Walzerkönig)
Naturwissenschaften - Edison, Robert Koch, Heinrich Hertz, Otto Lilienthal

Johann Strauß
[201]

Haar- und Bartmode

Pomadisierte Frisuren mit langem Scheitel bis zum Hinterkopf setzten sich durch. Die Seitenhaare wurden mit der neuen Errungenschaft, der Haarschneidemaschine, kurzgeschnitten.
Einen deutlichen Aufschwung erlebte die Bartmode mit den beiden deutschen Kaisern Wilhelm I. und dem letzten deutschen Kaiser Wilhelm II.

Körperpflege

Neben regelmäßiger Körperpflege - waschen, baden, frisieren, Zahnpflege - wurde zunehmend auf Bewegung im Freien bei Sport und Spiel Wert gelegt.

Bartspezifisches

Bis zum Ende des 1. Weltkrieges galt in Deutschland der Kaiser-Wilhelm-Bart (nach Wilhelm II.), ein Zwirbelbart, als erstrebenswertes Ziel.
Der Volksmund nannte ihn spöttisch: "Es ist erreicht." Wohl weil man mit viel Mühen versuchte, dem kaiserlichen Vorbild nachzueifern, der die Bartspitzen nahezu bis in Augenhöhe gezwirbelt trug.
Barteisen, Schnurrbartbinde und Schnurrbartwichse dienten dazu, die spitzen Bartenden nach oben zu frisieren.
In den beiden ersten Jahrzehnten trug man diesen Bart zunächst in weniger extremer Form oder als schmalen Oberlippenbart seitlich geschweift.
Glattrasierte Gesichter gab es fast nie, lediglich in England waren sie zu finden.

Aus dieser Zeit stammt auch der Spruch:

"Ein Kuss ohne Bart ist wie eine Suppe ohne Salz."

W-Bart
Kaiser Franz Joseph I.
(1830 - 1916) [202]

Herzog Ernst v. Sachsen-Altenburg
(1826 - 1908) [203]

W-Bart (um 1870)
(Franz-Josef-Bart) [204]

Kapitel 16

Louis Blériot
(1872 - 1936) [205]

Jahrhundertwende

[Abb. 206]

JAHRHUNDERTWENDE 1890 - 1910

Durch die immer stärker werdende Kluft zwischen den oberen Schichten und der übrigen Bevölkerung nahmen zu Beginn des 20. Jahrhunderts die Auseinandersetzungen der beiden Hauptklassen, der Bourgeoisie und der Arbeiterklasse, zu.
Es kam verstärkt zu Streiks. Die SPD erhielt am 16. Juni 1903 bei den Reichstagswahlen 31,6 % der Stimmen.
Die Rüstungsanstrengungen Deutschlands wurden erheblich gesteigert.

Kultur und Technik

1890 - Entlassung Bismarcks durch Wilhelm II.
1891 - Bau der Transsibirischen Eisenbahn
1895 - Conrad Röntgen entdeckt X-Strahlen (später Röntgenstrahlen genannt)
1896 - die ersten modernen Olympischen Spiele finden in Athen statt
1897 - Rudolf Diesel entwickelt den nach ihm benannten Dieselmotor
1898 - Die Curies entdecken Radium
Freud und Breuer begründen die Psychoanalyse
1900 - Graf Zeppelin überfliegt in einem Luftschiff den Bodensee
1900 - Baubeginn der U-Bahn in Berlin
1901 - Inkrafttreten des Bürgerlichen Gesetzbuches (BGB)
1901 werden zum ersten Mal aus der testamentarischen Stiftung Nobels die Preise für Physik, Chemie, Medizin, Literatur und Friedensbemühungen verliehen.
1906 - San Francisco wird durch ein Erdbeben zerstört
1908 - (30. Juni) Einschlag eines Meteoriten in der Steinigen Tunguska (Zentralsibirien) mit verheerenden Folgen für das Gebiet.
- Entwicklung der Glasmalkunst (Tiffany, L. C. 1848 - 1933)

Typisch für den Stil der Jahrhundertwende (Jugendstil) sind florale und geometrische Ornamente an Gebäuden und in der Malerei.

Persönlichkeiten der Zeit

Philosophie, Psychologie - Nietzsche, Freud, Wilhelm Wundt, William Stern
Literatur - Gorki, Tolstoi, Ibsen, Zola
Malerei - Klinger, Liebermann, Corinth, Kirchner, Klimt,
Gauguin, Marc, van Gogh, Picasso, Dix, Slevogt, Munch, Renoir, Degas
Musik - Bruckner, Verdi
Naturwissenschaften - Einstein, Nobel, Röntgen, Max Planck, I. P. Pawlow, Edison
Graf Zeppelin, Marie und Pierre Curie

Haar- und Bartmode

Zu kurzem, oft gescheiteltem Haar (Seiten- und Mittelscheitel), trug man die vielfältigsten Bartformen.
Einölen des Haares wurde modern. Der Bürstenhaarschnitt kam auf. Er wurde auch zu längerem Vollbart getragen.

Zar Nikolaus II.
(1868 - 1918) [207]

(um 1860) [208]

Andrew D. White (1896)
[209]

Verdi (Gemälde v. Boldini um 1886) [210]

Wilhelm Busch
(1832 - 1908) [211]

Reinhold Hammer (um 1910) [212]

Admiral Marquis (1890)
[213]

Fritz Reuter
(1810-1874) [216]

Oskar Döring
(um 1890) [215]

König Georg V. von England
(1865 - 1936) [214]

James G. Blaine
(1890) [217]

Körperpflege

Das Baden in freier Natur wurde Ausdruck des neuen Lebensgefühles. "Zurück zur Natur", hieß die Devise. Freikörperkultur kam auf und verbreitete sich rasch bei den jungen Leuten.
Badezimmer wurden in Bürgerwohnungen eingebaut, und um 1900 gab es die ersten Wasserspülklosetts mit Anschluss an eine Kläranlage.

Bartspezifisches

Bärte kamen in den vielfältigsten Variationen vor .
Aus schmalen Kinn- und Backenbärten wurden Spitz- und Vollbärte. Man trug die Bartformen nach bekannten Persönlichkeiten, z.B. Vollbart nach Friedrich III. v. Preußen oder Verdi.
Um 1910 war dann das Tragen von Voll- und Backenbärten stark im Rückgang. Oft wurde nur noch Schnurrbart (auch vom "kleinen Mann") getragen, wie der "Es ist erreicht" - Bart nach Kaiser Wilhelm II.

Fritz v. Uhde (1898)
Selbstbildnis [218]

"Es ist erreicht" - Bart
(1893) [219]

Karl Liebknecht (1871 - 1918) [220]

Fürst Otto v. Bismarck
[221] (1815 - 1898)

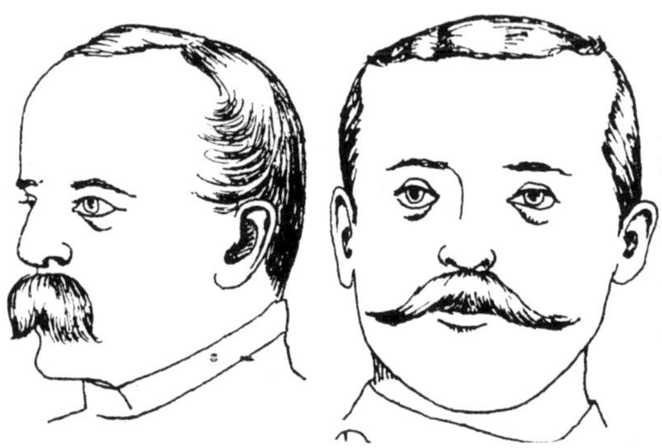

Schnurrbartformen [222 / 223]

Unterhaltsames

Der Berliner Friseurmeister und Parfümfabrikant Franz Haby erfand um 1890 die Bartform "Es ist erreicht".
In seiner Barbierstube, in der Nähe der Berliner Friedrichstraße, tressierte er einst den üppigen Schnauzbart eines Majors mit dem Brenneisen schwungvoll nach oben. Das fand Anklang und erregte die Aufmerksamkeit Kaiser Wilhelm II. (1888 -1919). Haby musste sofort mit Kamm, Schere, Barteisen, Bartbinde und Bartwichse ins Schloss kommen, um die kaiserliche Oberlippe zu bearbeiten.
Als Hoffriseur wurde er reich und weltbekannt.

Eli J. Randolph erhielt 1872 ein Patent auf ein Gerät, das beim Essen und Trinken den Schnurrbart auf Abstand hielt. [225]

Schnurrbartbinde (Moustachetrainer) um 1900 [224]

[Abb.226]

Annonce:

1000 Mark Belohnung

für Bartlose und Kahlköpfige

Bart und Haar in 8 Tagen durch echt dänischen "Mos Balsam".

Alt und Jung, Herren und Damen brauchen nur "Mos Balsam" zur Erzeugung von Bart und Haar, denn es ist durch die Wissenschaft bewiesen, dass "Mos Balsam" das einzigste Mittel ist, welches binnen 8 bis 14 Tagen durch Einwirkung auf die Haarpapillen dieselben derartig beeinflußt, dass die Haare sogleich zu wachsen anfangen.

Trifft dies nicht ein, zahlen wir

1000 Mark

jedem Bartlosen, Kahlköpfigen oder Dünnhaarigen, welcher Mos Balsam sechs Wochen ohne Erfolg benutzt hat.

Wir sind die Einzigsten, welche eine derartige Garantie durch aerztliche Untersuchungen und Empfehlung leisten können.

Vor Nachahmungen wird dringend gewarnt

Betreffend meine Versuche mit Ihrem "Mos Balsam" kann ich Ihnen mitteilen, dass ich mit dem Balsam sehr zufrieden bin. Schon nach acht Tagen erschien ein deutlicher Haarwuchs, und trotzdem die Haare hell und weich waren, waren sie doch sehr kräftig. Nach zwei Wochen nahm der Bart langsam seine natürliche Farbe an, und dann erst fiel die ausserordentlich günstige Wirkung Ihres Balsams recht ins Auge.

Dankend verbleibe ich

I. C. Dr. Tverg Kopenhagen

Nachdem in den letzten Jahren Haarausfall bei mir so stark wurde, dass selbst mein Mann sich fast von mir abwendete, hörte ich von Ihrem Mos Balsam. Schon nach vier Wochen Benutzung fing das Haar wieder deutlich zu wachsen an und wurde sehr dicht. Auch in unserer Ehe Ehe ist mein Mann wieder fast wie früher.

Das alles danke ich Ihrem Mos Balsam.

Frau A. Mortensen

Nörrebro, Kopenhagen

Packet "Mos Balsam" 10 Mk. Discr. Verpackung. Durch Vorauszahlung oder Nachnahme zu erhalten.

Man schreibe an das grösste Specialgeschäft der Welt:

Mos-Magasinet, Copenhagen. 46. a. Dänemark.

[Abb. 227]

Kapitel 17

Die Zeit des 1. Weltkrieges

Postkarte (1910) [228]

Die Zeit des 1. W E L T K R I E G E S 1914 - 1918 *und bis 1930*

Das Attentat von Sarajevo 1914 löste den ersten Weltkrieg aus, in den 38 Staaten hineingezogen wurden.
Die gesamte Weltgeschichte wurde in starkem Maße beeinflusst.
1918 war die deutsche Nation tiefer gespalten als je zuvor.
Eine schwere Belastung stellte auch der Friede von Versailles dar. Die Führungsschicht stritt um die Verantwortung der Niederlage, die materielle Not der Bevölkerung war groß.
Bis 1923 nahm die Inflation ungeheure Ausmaße an:
(Januar 1923: 1 $ = 18 000 Mark / Oktober 1923: 1 $ = 40 000 000 000 Mark)
Dies alles trug zum späteren Scheitern der Weimarer Republik bei.

1917 - Zusammenbruch des Zarismus in Russland - Oktoberrevolution

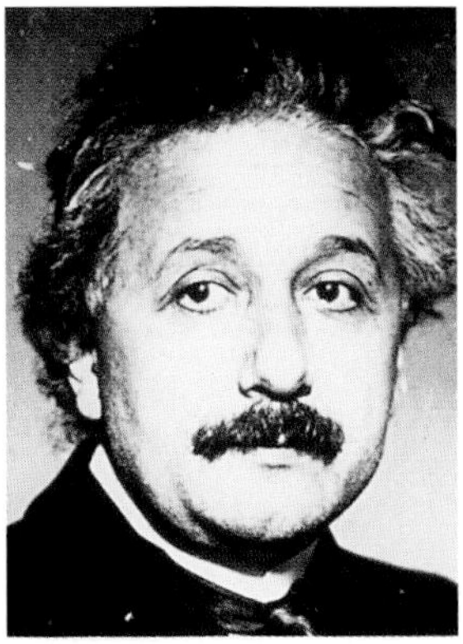

Albert Einstein
[229] (1879 - 1955)

Kultur und Technik

1914 - Eröffnung des Panamakanals
1908 - 1915 entstanden in Hollywood die Universal Studios.
Ab 1915 hielt Albert Einstein an der Humboldt-Universität Vorlesungen.
1917 - Erfindung der Ultraschallortung (Sonar) durch Paul Langevin
In Deutschland wurde 1918 der 8-Stunden-Tag eingeführt.
Großer Aufschwung der Filmindustrie in den 20er Jahren
Die erste Armbanduhr kam in Mode.

Persönlichkeiten der Zeit

Literatur - Tucholski, Thomas Mann, Heinrich Mann, Kafka, Hauptmann, Gorki
Malerei - Repin, Monet, Picasso, Liebermann, Matisse, Corinth, Marc, Slevogt
Musik - Mascagni, Lehar, Ravel, Caruso, Chaplin
Naturwissenschaften - Max Planck, Albert Einstein, Edison, Röntgen, Freud

Haar- und Bartmode

In den 20er Jahren war das Männerhaar ziemlich kurz geschnitten (Fassonschnitt), gescheitelt und oft mit Pomade angelegt.
Die Jugend ging glatt rasiert, nur wer elegant erscheinen wollte, trug einen kleinen Oberlippenbart.

Körperpflege

Wer eine Badewanne (zumeist Zinkbadewanne) besaß, badete wöchentlich. Ansonsten wurde sich in einem Zuber gewaschen. In vielen Haushalten gab es zumindest Waschschüsseln oder Waschbecken. Im Allgemeinen wurde Wert auf Reinlichkeit gelegt.

Bartspezifisches

Bedingt durch den Krieg war diese Zeit eine recht bartlose geworden. Bis 1918 verschwanden Bärte fast vollständig. Man bevorzugte glattrasierte Gesichter oder höchstens schmale, gepflegte Oberlippenbärte. Der englische Schnurrbart, den zunächst viele Schauspieler trugen, auch Menjou-Bärtchen genannt, nach dem amerikanischen Schauspieler Adolphe Menjou, kam 1920 stark in Mode. Wenn es vor dem Krieg die Herrscher waren, nach denen sich die Bartmode richtete, so waren es jetzt vor allem Filmschauspieler, die darin den Ton angaben.
Die ältere Generation jedoch hing an alten Traditionen und pflegte zum Teil noch Vollbart zu tragen.

Bartformen um 1912 [230]

Reinhold Hammer (um 1915) [232]

Paul von Hindenburg (1847-1934) [231]

Charlie Chaplin (1889 - 1977) [233]

Kapitel 18

Der 2. Weltkrieg

[Abb.234]

Der 2. WELTKRIEG 1939 - 1945

Mit dem deutschen Angriff auf Polen begann am 1. September 1939, ohne Kriegserklärung, der 2. Weltkrieg.
Frankreich und England erklärten Deutschland am 3. September den Krieg. Die Sowjetunion annektierte am 17.09.1939 den Ostteil Polens (geheimes Zusatzprotokoll vom 23.08. mit Hitler).
Deutschland und Italien erklärten am 11.12.1941 den USA den Krieg (nachdem Roosevelt der US-Marine die Bekämpfung deutscher U-Boote befohlen hatte).
1942 begannen die Luftangriffe der Alliierten auf deutsche Städte.
13./14. Februar 1945 - der Krieg war faktisch entschieden - sinnlose Zerstörung Dresdens durch anglo-amerikanische Luftangriffe.
Am 8.5.1945 folgte dann die bedingungslose Kapitulation.
Deutschland wurde von den sowjetischen und westalliierten Truppen besetzt und in vier Besatzungszonen aufgeteilt.
Am 6. August 1945 warfen die USA die erste Atombombe über Hiroshima ab, am 9. August die zweite auf Nagasaki (Insgesamt 180 000 Tote, über 200 000 starben an den Folgen).
Am 2. September kapitulierte Japan, damit war der 2. Weltkrieg beendet.
Mit der Niederlage der faschistischen Hauptmächte veränderte sich das internationale Kräfteverhältnis zugunsten des sozialistischen Lagers. Fast der ganze Osten Europas und Teile Mitteleuropas wurden von der Sowjetunion in ihr System gezwungen.
Der Krieg forderte von allen beteiligten Völkern die größten Opfer der Menschheitsgeschichte.

Kultur und Technik

Peter Goldmark (ungarisch-amerikanischer Ingenieur) entwickelte 1940 das erste Farbfernsehsystem).
1941 flog das erste Düsenflugzeug.
Alexander Fleming erhielt 1945 für seine Arbeiten, die zur Entwicklung des Penicillins führten, den Nobelpreis.
1945 konstruierte Willem J. Kolff eine künstliche Niere.

Persönlichkeiten der Zeit

Literatur - Bert Brecht, Erich Kästner, Kurt Tucholski, Franz Werfel
George Orwell, Ernest Hemingway
Musik - Richard Strauß, Kurt Weill, Paul Hindemith, Pietro Mascagni
Malerei - Pablo Picasso, Henri Matisse, Otto Dix, Marc Chagall
Film - Marlene Dietrich, Hans Albers, Clark Gable
Naturwissenschaften - Max Planck (Quantenphysik)
Albert Einstein (Relativitätstheorie)
Otto Hahn und Friedrich Straßmann entdeckten die Spaltbarkeit des Urans.

Haar- und Bartmode

In den 30er und 40er Jahren wurde das Kopfhaar noch kürzer (rund um den Kopf in halber Höhe kurz geschnitten bzw. abrasiert). Ein streng militanter Haarschnitt.
Aus dem Schnurrbart wurde die Oberlippenfliege.

Körperpflege

Entsprechend eines modernen Mitteleuropäers.

Bartspezifisches

Die verschiedenen Formen von Oberlippenbärten kamen vor allem aus England. In den 30er Jahren gab es den Clark-Gable-Bart, nach dem amerikanischen Filmschauspieler benannt. In den 40er Jahren wurde der Charlie-Chaplin-Bart bekannt (fälschlich auch als Fliege bezeichnet) der auch für Hitler charakteristisch war.
Ein Großteil der Männer jedoch rasierte sich das Gesicht glatt.
Im Alpenland war weiterhin der Vollbart anzutreffen.

Oliver Hardy (1892 - 1957) Stan Laurel (1890 - 1965) [235]

Clark Gable (1901 - 1960) [236]

Modifikationen des Clark-Gable-Bartes [237]

Kapitel 19

Die Zeit heute

Ivo Minkov [238]

DIE ZEIT HEUTE ab 1945

Als Folge des 2. Weltkrieges vergrößerte sich der Machtbereich des Kommunismus um die Ostblockstaaten bis zu Ostdeutschland.
Die Gegensätze zwischen der kapitalistischen Welt und den sozialistischen Ländern verschärften sich in den nächsten Jahren beträchtlich.
Während in Westdeutschland durch den Marshallplan ein guter wirtschaftlicher Start möglich wurde, demontierte die Sowjetunion im Osten erhebliche Teile der Industrie und des Eisenbahnnetzes. Der wirtschaftliche Beginn gestaltete sich dadurch in Ostdeutschland äußerst schwierig.
Auf Grund der schlechten wirtschaftlichen Entwicklung in der DDR und der zunehmenden politischen Unterdrückung der Bevölkerung nahm die Unzufriedenheit ständig zu.
Am 17. Juni 1953 kam es zu einem Aufstand, der mit Hilfe der sowjetischen Besatzungsmacht blutig niedergeschlagen wurde.
Um eine Massenflucht von Ostdeutschen nach Westdeutschland über das geteilte Berlin zu verhindern, wurde 1961 die Berliner Mauer (als antifaschistischer Schutzwall bezeichnet) errichtet.
1989, nach der ersten gewaltlosen Revolution der Geschichte, fiel die Mauer und das deutsche Volk war im Oktober 1990, nach 45 Jahren, wiedervereint.
Der Sturz der DDR, die Freiheitsbestrebungen in Polen, der CSSR und Ungarn, und nicht zuletzt die liberale Haltung des sowjetischen Staatschefs Michail Gorbatschow, hatten schließlich den Niedergang des sozialistischen Unterdrückungssystems zur Folge.

Kultur und Technik

Wiedereinführung des Fernsehens in Deutschland 1950 (erstmals am 22. 03. 1935)
1957 erster Erdsatellit (Sputnik - UdSSR) im All
Durchbruch und Vervollkommnung der Computertechnik
Weltraumforschung der USA und UdSSR
1961 erster bemannter Raumflug der UdSSR mit Jurij Gagarin als Kosmonauten
Erfindung der Videotechnik, der CDs
Bau von Überschallflugzeugen

Bauwerke - Philharmonie Berlin, Gewandhaus Leipzig, Wiederaufbau der Semperoper Dresden und des Schlosses (Zerstörung im 2.Weltkrieg)
Hochhausbau (Wolkenkratzer als Geschäfts- und Wohnhäuser) Bau von Parkhäusern für Autos, ausgedehnte Industriebauten

Persönlichkeiten

Literatur - B. Brecht, Fr. Wolf, E. Strittmatter, E. Kästner, L. Frank, A. Zweig
Chr. Wolf, A. Seghers, G. Grass, H. Böll, W. Bredel, St. Heym
Malerei - Lea Grundig, Heisig, W. Sitte, W. Tübke, W. Mattheuer, W. Womacka
Musik - C. Orff, P. Hindemith, P. Dessau, H. Eisler, Thomanerchor Leipzig
Kreuzchor Dresden, Gewandhausorchester Leipzig
Naturwissenschaften - W. Heisenberg, O. Hahn, A. Schweitzer

Haar- und Bartmode

Nach dem 2. Weltkrieg, bis in die 60er Jahre hinein, wurde das Männerhaar kurz getragen, mit Pomade geglättet und zur sogenannten "Ente" am Hinterkopf frisiert, später auch mit Stirnlocke "Elvisfrisur" nach Elvis Presley genannt.

Elvis Presly [239]

Erst in den 60ern, mit Auftreten der Beatles, wurde das Haar, teils als Protesthaltung der Jugend, wieder länger getragen.

The Beatles [240]

Seit Mitte der 50er Jahre bis Mitte der 70er gab es, von den USA ausgehend, die Hippies (Blumenkinder), die schulterlanges Haar trugen, meist in Verbindung mit Voll- oder anderen Bärten.

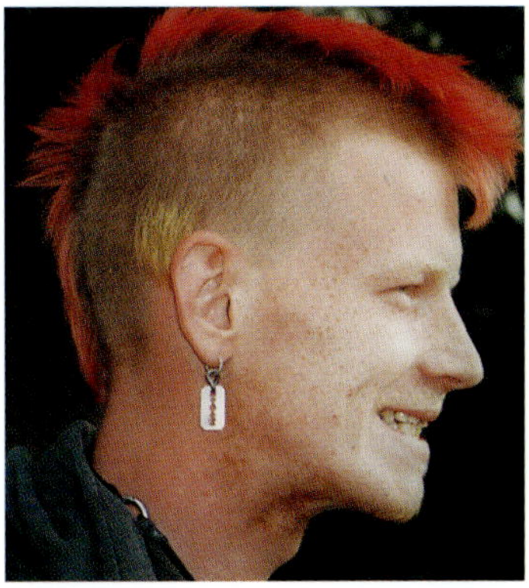

Punk [241]

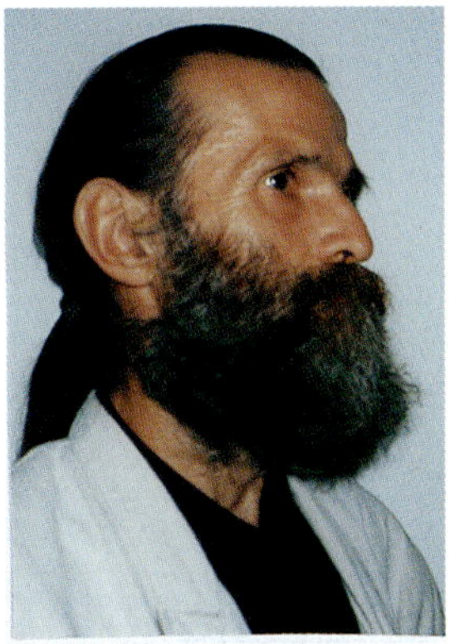

Jürgen Heidenreich [242]

Die Punkmode der 80er/90er Jahre, eine Protesthaltung der Jugend, eine hahnenkammartige Frisur (Irokesenschnitt) zu glattrasierten Gesichtern.

Bis heute zeigt sich beim modernen Mann ein vielfältiges Bild, was Haarmode, Schnurr-Backen- und Vollbart betrifft. Den Variationen sind keine Grenzen gesetzt.

Körperpflege

In der heutigen Zeit hat fast jeder Mitteleuropäer ein Bad oder eine Dusche zur Verfügung. Fast ist das tägliche, wenigstens wöchentliche Duschen oder Baden ungeschriebene Pflicht. Die Menschen baden zu ihrer Entspannung und Freude im Meer, in Seen sowie in Frei- oder Hallenbädern. Sie besuchen Saunen und Fitnesscenter um ihre Figur und sich selbst zu trimmen und fit zu halten. Sie treiben Sport in Clubs oder fahren Rad, laufen Ski, joggen, spielen Tennis oder nehmen andere Möglichkeiten wahr, die außerhalb organisierter Sportclubs angeboten werden.

Bartspezifisches

Erst in der neueren Zeit wird in den meisten europäischen Ländern und in Amerika wieder Bart getragen. Nach 1945 herrschte allgemein Bartlosigkeit, bis auf den Existenzialistenbart der Jugend.

1956 - 59 gab es die struppigen und ungepflegt aussehenden, wild wachsenden Revolutionärsbärte nach Fidel Castro.

Einige wenige Männer trugen zwischen 1948 und 1958 einen gepflegten Spitzbart.

Mitte der 60er Jahre bevorzugten manche junge Männer erneut Oberlippenbart.

Um 1967 war bei Gammlern ein sogenannter Gammler-Look beliebt - ein bewusst vernachlässigter Vollbart.

In den 70ern findet man neben gepflegten Vollbärten auch andere Bartformen.

Auch einige Künstlergruppen unterschieden sich mitunter durch einen charakteristischen Bartschnitt.

Seit den 90er Jahren ist es modern, einen 3-Tage-Bart zu tragen oder schlichtweg unrasiert zu erscheinen

Die Bartmode heute orientiert sich in ihrer Vielfalt auch an historischen Vorbildern.

Bernd-Rüdiger Knoll 1975 [243]

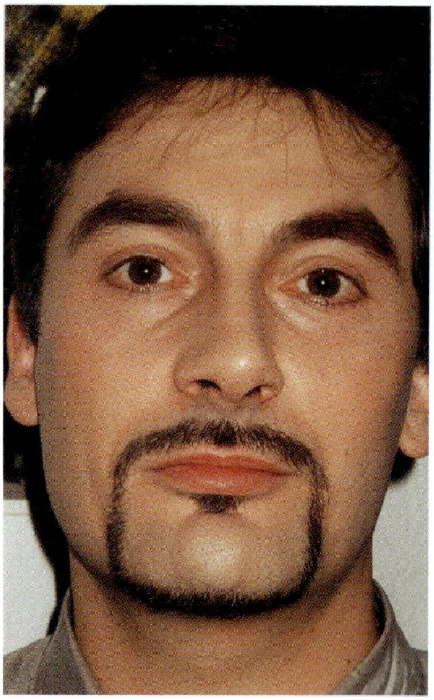

Michael Rieger - Bartmode 2000 [244]

Kapitel 20

[Abb.245]

Amerika

Der amerikanische Pioniergeist [246]

George Washington　Thomas Jefferson　Theodore Roosevelt　Abraham Lincoln

Mount Rushmore / South Dakota
[247]

AMERIKA

Amerika - einst für Europa fern, gigantisch und unbekannt, ist heute auf einige Flugstunden nahegerückt und zum Wegweiser für die gesamte westliche Welt geworden.

Die Amerikaner haben eine besondere Lebensart entwickelt, den "American way of life". 1492 entdeckte Kolumbus Amerika (er gilt allgemein als Entdecker, obwohl bereits im 6. und 10. Jahrhundert Europäer in Amerika landeten, deren Fahrten jedoch in Vergessenheit gerieten).

Den ersten Fährtensuchern folgten Goldsucher, Pelzjäger, Händler und Siedler. Das weite Indianerland entwickelte sich im Lauf der Jahrhunderte zum modernen Industriestaat.

Im 17. Jahrhundert wurden in Amerika 13 Kolonien gegründet, die den Kern der späteren USA bildeten.

Um 1775 forderten die Kolonisten Gleichberechtigung und Mitsprache im Londoner Parlament. Mit der Unabhängigkeitserklärung 1776 wurde die Trennung der Kolonien von England vollzogen. 1777 wurde ein lokkerer Staatenbund beschlossen, 1787 ein Bundesstaat mit noch heute gültiger Verfassung. George Washington wurde 1789 erster Präsident. Es bildeten sich Nord- und Südstaaten heraus, Zwangsumsiedlungen der Indianer fanden statt. Die rasche Entwicklung und Erweiterung der USA verschärfte die Gegensätze zwischen Nord- und Südstaaten. Der Norden war stärker Industriegebiet, der Süden vorwiegend Plantagengebiet, bewirtschaftet mit Sklaven.

Als Abraham Lincoln, ein Gegner der Sklaverei, Präsident wurde, erklärten South Carolina Ende 1860 und bis Mitte 1861 zehn weitere Südstaaten ihren Austritt aus den USA.

Lincoln mit seinen Sekretären [248]

Sie gründeten unter Jefferson Davis als Präsidenten die Konföderierten Staaten von Amerika, was dann letztlich zum Sezessionskrieg 1861-1865 führte. 1865 kapitulierten die Südstaaten (unter General Lee) bei Appomattox Court House.

General Robert Edward Lee (1807 - 1870) von den Konföderierten unterschreibt am 3. April 1865 in Appomattox Court House die Kapitulationsurkunde. [249]

Die Unterschriften von General Lee und General Grant unter die Kapitulationsurkunden am 9. April 1865 beendeten den Sezessionskrieg noch nicht völlig.
General J.E. Johnson ergab sich mit seiner Armee erst neun Tage später am 18. April in Durham Station.

General Ulysses Simpson Grant (1822 - 1885) von der Nordarmee bei der Unterzeichnung der Kapitulation der Konföderierten (Appomattox, Court House). [250]

1865-1890 stellten sich die Indianer der Bundesarmee entgegen. 1876 wurden sie von General Custer am Little Big Horn besiegt - einige Monate später wurde er geschlagen und floh nach Kanada.
Fortschreitende Besiedlungen durch Wiederzunahme der Einwanderungen sowie technische Erfindungen beschleunigten die imperialistische Machtentfaltung.
Um 1860 überquerte die erste Eisenbahn den Mississippi, was die Erschließung und Besiedlung des Westens zur Folge hatte.
1906 wurde San Francisco durch ein Erdbeben zerstört.
Wie stark die USA Einwanderungsland war, zeigte sich schon daran, dass sich allein von 1860 -1920 mehr als 27 Millionen Europäer in den Staaten niederließen.
Mit dem Beginn des 20. Jahrhunderts entwickelten sich die USA von einer Großmacht zur Weltmacht.

Gideon Welles (1802-1878) . (Marineminister) [251]

Trotz anhaltender Widerstände im Kongreß mehrten sich Ende des 19. Jahrhunderts die Einmischungen der Amerikaner auf verschiedenen Kriegsschauplätzen.
Im 1. Weltkrieg (1914 -1918) kämpften sie unter J. Pershing auf Seiten der Alliierten in Nordfrankreich.
1921 schlossen die USA einen Sonderfrieden mit Deutschland.
1919 -1933 löste das Prohibitionsgesetz die Entwicklung krimineller Syndikate aus.
1929 begann die Weltwirtschaftskrise.
Den 2. Weltkrieg versuchte Roosevelt von den USA fernzuhalten (trotzdem befahl er 1941 der US-Marine die Bekämpfung deutscher U-Boote). Jedoch mit der anschließenden Kriegserklärung Deutschlands und dem Überfall der Japaner 1941 auf Pearl Harbor wurden die USA direkt in den Krieg hineingezogen, der durch die deutsche Kapitulation 1945 endete. Die Atombombenabwürfe der Amerikaner auf Hiroshima und Nagasaki erzwangen das Kriegsende in Ostasien.
Den wirtschaftlichen Wiederaufstieg Europas förderte ganz wesentlich der Marshallplan der USA. Militärbündnisse wie NATO, ANZUS-Pakt und SEATO wurden geschlossen.
Unzufriedenheit mit der Politik der Republikaner unter Eisenhower 1953-1961 führte zur Wahl des Demokraten John F. Kennedy, der die rechtliche Gleichsetzung der Schwarzen fixierte (Bürgerschaftsgesetze). 1963 wurde Kennedy ermordet. Nachfolger Johnson führte das Programm fort.
Amerikas Politik wurde vom Eintritt in den Vietnamkrieg (1963-1969) überschattet, in dem 550 000 amerikanische Soldaten eingesetzt waren.
Die wirtschaftlichen Schwierigkeiten nahmen zu, soziale Unruhen erschütterten das Land.
Durch Reagens Politik (1981-1989) kam das Land zu neuem wirtschaftlichen Aufschwung. 1987 schloss er mit der UdSSR ein Abkommen über die Beseitigung aller in Europa stationierten nuklearen Mittelstreckenwaffen.
1993 wurde Bill Clinton der 42. Präsident der USA.

Kultur und Technik

Im 18. Jahrhundert Bau von Universitäten
1817 entstand das Capitol in Washington
1855 Erfindung des Fahrstuhls (Elisha, Otis)
1865 Bau der ersten Eisenbahnlinie durch den Westen
1883 Vollendung der Brooklyn Bridge (größte Hängebrücke dieser Zeit)
Eröffnung der Metropolitan Opera in New York
Buffalo Bill gründete die "Buffalo Wild West Show"
1885 Errichtung des Washington Monuments (Obelisk, 170m hoch)
1886 Übergabe der Freiheitsstatue, als Geschenk Frankreichs an die USA zum 100. Jahrestag der Unabhängigkeit
1903 erster Motorflug der Gebrüder Wright
Ende 19. Jahrhundert bildeten sich durch Schwarze neue musikalische Stilrichtungen heraus (Negro, Spirituals, Blues, Ragtime, Jazz).
1920 Hollywood wurde Filmmetropole.
1925-1941 schuf G. Borglum die Präsidentenköpfe in Mount Rushmore (Washington, Jefferson, Roosevelt, Lincoln).
1927 erster Transatlantik-Alleinflug Lindberghs von New York nach Paris
1928 begann sich die neue Massenkultur Kino und Radio durchzusetzen.
Die ersten Musicals entstanden.
Mathematisch-naturwissenschaftlich orientiertes Denken tritt in den Vordergrund.
Um 1930 entstanden neue Gebäudetypen: Stahlglas-Lagerhäuser und Wolkenkratzer (F.L. Wright).
1937 Übergabe der Golden Gate Bridge
1955 Walt Disney baute seine populären Vergnügungsparks.
1960 wurde im Weltraumforschungszentrum Cape Canaveral in Florida durch J.F. Kennedy ein gigantisches Weltraumprogramm in Gang gesetzt.
1964 die längste Hängebrücke der Welt (Verrazano Bridge) verbindet New York mit seinen Außenbezirken
1969 erste Mondlandung mit Apollo 11. Die Astronauten N.A. Armstrong und E.E. Aldrin betreten als erste Menschen den Mond, M. Collins bleibt in der Kommandokapsel.
1990 gibt es in den USA über 40 Nationalparks.

Persönlichkeiten

Wissenschaft und Technik: T.A. Edison, Wright Brothers, Ch. Lindberg, G. Bell B. Franklin, Simon Lake (1898 U-Boot), W.H. Pickering (Astronom), R.A. Fessenden (1906 Modulation von Funkwellen), Lilian Moller-Gilbreth (1954 Washington Award - höchste wissenschaftliche Auszeichnung der USA) A.H. Compton (Np.1927 Physik), T.H. Morgan (Np.1933 für Medizin u. Physiologie), Rickettsia (Pathologe), J. Henry, H. Ford,
(82 Nobelpreisträger für Physik, Chemie, Medizin)

Walt Whitman (1819 - 1892)
[252]

Literatur: J.F. Cooper, E.A. Poe, H. Thoreau, W. Whitman, M. Twain, J. London, T. Williams, A. Margaret Mitchel ("Vom Winde verweht"), Ginsberg, S. Lewis (Np. 1930), O'Neill (Np.'36), Harriet Beecher-Stowe ("Onkel Toms Hütte"), Edna Ferber (Pulitzerpreis), Pearl S. Buck (Np.'38), W. Faulkner (Np.'48), E. Hemingway (Np.'54), J. Steinbeck (Np.'62), S. Bellow (Np.'76), I.B. Singer (Np.'78)
(Np.=Nobelpreis)

Musik: G. Gershwin, C. Porter, G. Miller, I. Berlin, A. Copland, L. Bernstein J.A. Carpenter, I. Strawinsky, B. Dylan, Ch. Berry, B. Goodman, L. Armstrong

Malerei: L. Sullivan, M. Hartley, H. Powers, A. Saint Goudens, G. Greenough, A.Calder, S. Lipton, J.S. Copley, Emily Carr, G. Wood, J. Pollock, M. Gorky, H. Hodgkin, J. Schnabel, P. Guston

Nobelpreisträger: Die USA haben seit der erstmaligen Verleihung des Nobelpreises 1901 bis 1992 145 Preisträger hervorgebracht.

Filmstars/ Show: S. Laurel, O. Hardy, Marx Brothers, H. Bogart, Josephine Baker, Louis Armstrong, J. Wayne, F. Astaire, J. Stuart, S. McQueen, F. Sinatra Marilyn Monroe, E. Presley, S. Poitier, Liz Taylor, P. Newman

Bartmode allgemein

Seit der Entdeckung Amerikas gab es in diesem Land die unterschiedlichsten und verwegensten Bärte, die oft von den Einwanderern auf den Kontinent mitgebracht wurden.
Mit Beginn des 20. Jahrhunderts gab es dagegen viele bartlose Gesichter, die - wie auch in Europa - der Mode der Zeit entsprachen.

Bartspezifisches

Bedingt durch die Einwanderer waren die Bartformen im Amerika des 16. Jahrhunderts zunächst stark der spanischen Bartmode entlehnt.

Mit der Gründung der Kolonien zu Beginn des 17. Jahrhunderts waren auch englische und französische Bärte vertreten, so die engl. Vollbärte und die Musketierbärte. Auch brachten die Franzosen die Rokokoperücke nach Amerika (Washington).

In dieser Zeit, in der man nicht müde wurde, den Bart kreativ zu verändern, gehörte er einfach zum Mann. Sicher gab es auch bartlose Gesichter, die aber stark in der Minderheit waren.

Um 1850 war der Kinnbart weit verbreitet, bis Ende des 19. Jahrhunderts auch die Bartfräse.

Viele Männer trugen Vollbärte, die an Länge und Form ihresgleichen suchten. Aber nicht nur Farmer und Goldsucher waren meist bärtig, auch bei Ministern und Präsidenten sah man dieses Modeattribut nicht weniger häufig.

Goldsucher und Goldwäscher hatten vor allem Vollbärte. Siedler, Soldaten und Generäle gefielen sich dagegen in den unterschiedlichsten Bärten. Jüngere Männer begnügten sich häufig mit größeren Oberlippenbärten, ähnlich den Nitzsche- Seehund- oder Mongolenbärten.

Nicht selten kamen Kinn- und Vollbärte größeren Ausmaßes auch ohne Oberlippenbart vor.

Im Allgemeinen kann man sagen, dass die Bartformen des frühen Amerika in Form und Stil verwegener erscheinen als die europäischen dieser Zeit. Vielleicht auch, weil man sie in Verbindung mit der vergangenen turbulenten Geschichte Amerikas sieht.

In jedem Fall waren die Bartträger Amerikas zu jeder Zeit nicht minder stolz auf ihre Pracht als die Europäer.

E.W. Stanton - Kriegsminister 1862-1868 [253]

Jefferson Davis (1809-1889) [254]
Präsident der Konföderierten Staaten von Amerika

Zu Beginn des 20. Jahrhunderts bevorzugten die Männer wieder öfters ein bartloses Gesicht, was sachlich nüchtern in diese Zeit passte und sich auch in Europa durchgesetzt hatte.
Ein kleines, schmales Oberlippenbärtchen, das der Schauspieler Clark Gable (s.S.150) kreierte, machte in den 20er Jahren seinen Siegeszug um die ganze Welt.
In den 60er Jahren, der Hippie- und Blumenkinderzeit, kamen wieder Bärte aller Arten und Größen stark in Mode. Auch in der heutigen Zeit tragen die Männer Amerikas inzwischen längst wieder die verschiedensten und interessantesten Bärte.
Natürlich gibt es auch in Amerika Bartclubs, die untereinander oft gute Kontakte pflegen.

Quer durch Amerika

Francis Ford Coppola
US-Regisseur [255]

Martin Luther King jun. [256]

Uncle Sam [257]

Farmer aus Cut Bank / Montana [258]

Joe Backstone, Farmer, Arizona [259]

Goldsucher in Calico / San Bernardino [260]

Indianer aus North-Dakota [261]

Randnotizen

Bärtige waren mitunter direkten Verfolgungen ausgesetzt.
"Im Jahre 1830 wurden einem bärtigen Mann in einer Stadt in Massachusetts, USA, die Fenster eingeschlagen, Kinder warfen mit Steinen nach ihm und der Pfarrer verweigerte die Kommunion.
Schließlich wurde er von vier Männern überfallen, die ihn gewaltsam zu rasieren versuchten. Als er sich wehrte, nahm man ihn fest und verurteilte ihn wegen tätlichen Angriffs zu einem Jahr Gefängnis" (Morris).

Allerdings sollte hier nicht vergessen werden, dass in den USA, bis in die heutige Zeit, viele eine ablehnende Haltung zur Körperbehaarung haben. Bei Frauen z.B. gelten Haare unter den Armen und an den Beinen häufig als ungepflegt und anstößig.

Selbst heutzutage gibt es noch eigenartige Bestimmungen. So wurde in einer Fernsehsendung einmal behauptet, dass in der Stadt Eureka, in Nevada/USA, Männer mit Schnurrbärten nicht küssen dürften (allerdings, wer will das kontrollieren?).

Eine Gruppe deutscher Einwanderer sind die Amish People, deren Männer auch heute noch die Tracht ihrer Vorfahren aus dem 18. Jahrhundert tragen, zu der u.a. ein breiter schwarzer Hut und Vollbart gehören.

Teil 3

Eine Arena des Außergewöhnlichen

Ein Bart macht seinen Träger stets älter, wenngleich er auch Jugendlichkeit nicht ganz verbergen kann.

Dimitri Mamlejew

Kapitel 21

[Abb.262]

[Abb.263]

Vorbemerkung

Die Bartolympiade ist nun schon eine geraume Zeit Vergangenheit. Andere Veranstaltungen rückten in den Vordergrund. So fand auch mit großer Beteiligung die WM 1997 statt und in den nächsten Jahren folgten weitere Veranstaltungen.
Man könnte meinen, die Bilder und Fakten der Olympiade 1996 seien nicht mehr besonders aktuell.
Im Sportgeschehen ist die Zeit sicher schnelllebiger und manche Champions sind mitunter schon bald wieder vergessen - doch hier ist es ganz anders.
Ob in diesem Jahr, oder Jahre später - vielleicht solange es Männer gibt - der Faszination dieser Bärte kann man sich einfach nicht entziehen.
Ganz gleich, wer auch immer und zu welcher Zeit auf dem Siegerpodest stehen mag, die Attraktivität, die Eleganz und Schönheit der Bärte ist immer aktuell und damit stets zeitlos.
Das folgende Kapitel ist nun ein Streifzug der ganz besonderen Art. Ausschnitte vergangener Jahrhunderte präsentieren sich von ihrer männlichsten Seite.

Inhalt

2. Bartolympiade 1996

Querschnitte

Wenn man sich für Bärte interessiert, sie bewundert und sich Gedanken über ihre Träger macht, muss man dabei gewesen sein, wenn die schönsten, mit großem Aufwand frisierten Bart-Kunstwerke aufeinandertreffen :

Bei einer Meisterschaft der Bärte der Superlative!

Reinhold Scherle
[264]

Ludwig Neuner
[265]

Lothar Kuhn
[266]

Hans Kaun
[267]

Walter Freiburger
[268]

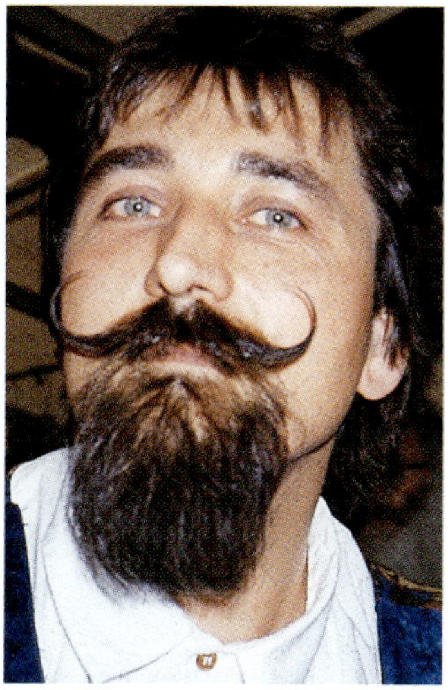

Andreas Becht
[269]

Adolf Kreisel
[270]

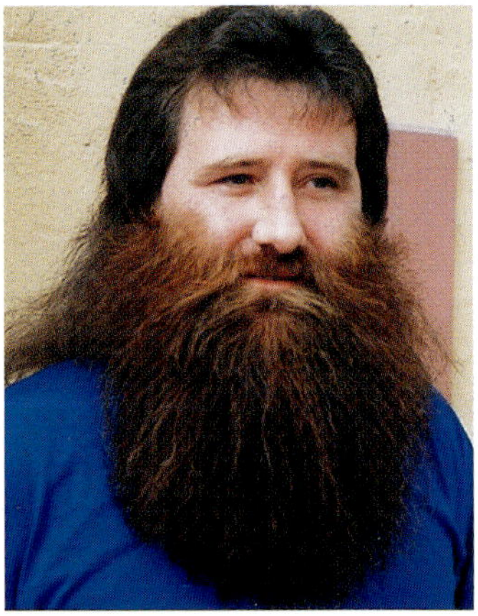

Reinhard Meierhofer
[271]

Dieter Theis
[272]

Josef Auchter
[273]

Wolfgang Stier
[274]

Markus Bross
[275]

Ewald Ziegler
[276]

Franz Mitterhauser
[277]

Jochen Thilo Reinhardt
[278]

Da Frauen im Allgemeinen wenig Chancen haben, einen Bart zu tragen, können sie vielleicht nicht nachempfinden, wie ein Mann sich fühlt, wenn er so ein Muster an Schönheit und Vollkommenheit besitzt, und was in ihm vorgeht, wenn er vor Publikum und Jury bestehen muss.

> Mit der Absicht, das eventuell doch zu verstehen, und auch die Atmosphäre kennenzulernen, in der diese Männer ihren Bart zur Schau stellen, begab ich mich in die Arena *Bartolympiade*.

Was ich dort erlebte und erfuhr, war mehr als bemerkenswert.

Schon von alters her galt der Bart als Zierde des Mannes. Zwar geriet er in manchen Zeiten etwas in Vergessenheit oder wurde sogar bekämpft, aber immer wieder verhalfen Phantasie und Kreativität diesem männlichen Attribut zu Ansehen und Verbreitung.
Auch in der heutigen Zeit genießt der Bart einen hohen Stellenwert. Das bewiesen in besonderem Maße und mit Würde und Eleganz die hier angetretenen Musterexemplare der Bartkunst.
Für das Interesse, dass ich ihnen und ihren wohlgepflegten und phantasievollen Bartgebilden entgegenbrachte, bedankten sie sich mit bereitwilligen Auskünften.
Die Männer berichteten mir von ihren Idealen, ihren Vorbildern, warum sie Bart tragen, wie ihre Frauen damit umgehen, die Kinder, Nachbarn und Freunde.
Ja, sie ließen sich sogar einige Bartgeheimnisse entlocken.
Angenehm fiel mir auch auf, dass man unter den Bartträgern trotz aller Konkurrenz keine Aggressivitäten spürte. Die Atmosphäre war ruhig, gelassen, freundlich und aufgeschlossen. Natürlich hatten die Teilnehmer mehr oder weniger Lampenfieber vor den Auftritten, denn jeder wollte so gut wie möglich beim Marathon der schönsten Bärte abschneiden. Aber außer einer verständlichen Nervosität konnte ich keinerlei übertriebene Rivalität - wie man sie leider bei anderen Wettbewerben oft findet - entdecken.
Im Gegenteil, mir kamen die Bartträger wie eine verschworene Gemeinschaft vor, die sich gegenseitig recht herzlich gratulierten.
Natürlich gab es Enttäuschungen, denn sicher ist keiner angetreten, um vielleicht nur Letzter zu werden, aber es kann schließlich keine fünf oder zehn Sieger geben. Verdient hätten es bestimmt die meisten.

[279]

Der Bart ist der beste Schutz vor Mücken.

Jens Müller - Kinn- und Backenbärte - Klasse Musketier [280]

Die Jury war ganz gewiss nicht zu beneiden, denn die Sieger zu bestimmen, heißt auch gleichzeitig, weniger gut Plazierte zu benennen, und das scheint bei der Attraktivität der meisten Bärte schon fast unfair.
Ich jedenfalls hätte keinen Bart finden können, der alle anderen absolut in den Schatten gestellt hätte. Jeder für sich war ein Kunstwerk.
Bisher hatte ich mir auch kaum Gedanken darüber gemacht, wie aufwendig es sein muss und wieviel Zeit es kostet, einen Bart von solchen Dimensionen, von oft erstaunlichem Ideenreichtum zu kreieren und zu pflegen.

Was sind das nun für Männer, die solche aufregende Bärte tragen?

Es sind Familienväter, Ehemänner, Junggesellen, die ganz normalen Berufen nachgehen, und keinesfalls ein ungewöhnliches Leben führen.
Ihr ganz besonderes Faible gilt selbstverständlich ihrem Bart. Tag für Tag und bei jedem Wetter stylen sie ihn liebevoll. Sie sehen ihn gewissermaßen als das Make-up des Mannes.
An den Tagen von Meisterschaften sind sie jedoch etwas ganz Besonderes, stehen im Blickpunkt der Öffentlichkeit, der Presse und des Fernsehens (wo sie schon recht oft zu sehen waren).
So kann man sie in allen Teilen des Landes bewundern.
Immer mehr finden den Weg zu dieser anfangs noch relativ kleinen Gruppe und immer mehr bärtige Männer werden auf sie aufmerksam und schließen sich ihnen an.
So berichteten mir einige, dass sie vor ein paar Jahren noch die Einzigen in ihrer Gegend mit einem etwas auffälligen Bart waren, doch heute gibt es schon eine beachtliche Zahl von Anhängern und es ist nicht einfach, sich zu behaupten, wenn es um Kreativität, gestalterisches Geschick und Engagement geht.
Einige der befragten Männer tragen ihre Bärte selbst nachts im Bett gestylt, andere wiederum haben eine "Hausvariante", wieder andere lassen den Bart zu Hause so hängen, wie er gerade wächst und machen sich nur zu außergewöhnlichen Anlässen die Mühe, ihn in eine besondere Form zu bringen.
Auf die Frage, ob sie dann im Sitzen schlafen, können sie ein Schmunzeln nicht unterdrücken. Diese Frage bekämen sie oft gestellt. Selbstverständlich schlafen sie wie jeder andere Mensch auch und ohne jegliches Gestell oder Hilfsmittel.

Vlado Livaja, Kroatien (Mitglied im Höfener Bart- und Schnorresclub), belegte den ersten Platz in der Klasse *Schnurrbart Naturale*.
[281]

Jürgen Burkhardt - Kaiserlicher Backenbart [282]

Es war interessant zu erfahren, dass die meisten Teilnehmer in einem Bartclub organisiert sind, von denen es bereits sieben schon 1996 in Deutschland gab. Sie sind im Verband Deutscher Bartclubs (VDB) organisiert. Neben den Clubs im Verband gibt es auch noch eine Reihe von Bartvereinigungen.

Der 1. Präsident des VDB, Wolfgang Stier aus Höfen, ist selbst Mitglied und Mitbegründer des größten Bartclubs, dem Höfener Bart- und Schnorresclub 1985 e.V. (252 Mitglieder).
Er weiß zu berichten, dass die Zahl der bewussten Bartträger zunimmt, vor allem jetzt auch in den neuen Bundesländern. Alle Nachkömmlinge werden auf die richtige Spur gebracht.
In anderen Ländern, vor allem Österreich, Italien, der Schweiz, Ungarn und Belgien gibt es Bartclubs, die ebenfalls an Meisterschaften teilnehmen.
Selbst aus den USA gab es schon Teilnehmer.
Als Aktiver bei einer Meisterschaft muss man vorerst noch nicht in einem Bartclub organisiert sein.
Die Meisterschaften finden auf Landesebene aber auch als Europa- und als Weltmeisterschaften sowie Olympiaden statt.
Es versteht sich von selbst, dass sich zu diesen Wettbewerben nur Teilnehmer melden, die in einer der ausgeschriebenen Klassen antreten, oder mit einem besonders schönen und ausgefallenem Bart in der Klasse Freistil.
Für alle Teilnehmer sind Meisterschaften und die Vorbereitungen dazu ein ernst zu nehmender Sport - ein Wettbewerb, dem man sich bereitwillig stellt, egal, wo er auch stattfinden mag.

Die einzelnen Kategorien unterliegen strengen Maßstäben.
Bart naturale bedeutet z. B., dass keinerlei Hilfsmittel, wie Gel, Lack, Haarspray oder Bartwichse verwendet werden dürfen.
Im Freistil sind dann alle Hilfsmittel erlaubt und der Phantasie keine Grenzen gesetzt. Deshalb erlebt man hier auch die außergewöhnlichsten Bärte.

Der Schauplatz

Ein Volksfest in einem riesigen Zelt auf der Wiese, mit Musik, Bier, Wein, Essen vom Grill, Souvenirs und einer Bombenstimmung.
Die Ausrichter, der Mürzhofener BC des SC-RB Mürzhofen Allerheiligen, hat diese 2. Bartolympiade in Mürzhofen, Steiermark in Österreich, vorbildlich organisiert.

Die Mehrzahl der Bartträger, die zu dieser Olympiade antraten, erschienen außer mit ihren kunstvoll hergerichteten Bärten auch kostümiert, z.B. als Musketiere, oder in der Uniform der Kaiserlichen Garde mit Pickelhaube, in Frack und Zylinder, mit Tirolerhut und Lederhose, als Chinese, bis hin im Schottenrock und mit Dudelsack.

Der Einmarsch
der Matadoren.
[283]

Bei allen Variationen - Bart färben ist zu Meisterschaften generell nicht erlaubt.
Die perfekt durchgestylten Teilnehmer der Bartolympiade, die oft von weither angereist waren, hatten zum Teil ihre Familien und Freunde mitgebracht, um sich die Daumen drücken zu lassen.

Die Teilnahme an einer Meisterschaft oder Olympiade bildet immer einen besonderen Höhepunkt für alle diejenigen bärtigen Männer, die bewusst aus ihrem Bart ein Kunstwerk machen, ihn in höchster Vollendung phantasievoll gestalten und besonders pflegen, um sich dann einem breitem Publikum und der fachkundigen Jury zu stellen.
Wer möchte dann nicht einer der ersten drei sein, um einen Pokal mit nach Hause nehmen zu können.

Gerhard Knapp - Kinn- und Backenbärte - Freistil [284]

Aber neben den Anstrengungen um olympische Ehren, strebt jeder - wie auch andere Sportler in ihren Wettbewerben - nach Anerkennung, Bewunderung und Begeisterung der Öffentlichkeit.
Es ist für sie nicht nur ein Hauch von Berühmtheit, der sie in diesen Tagen besonders euphorisch erscheinen läßt, sondern sicher auch ein erhebendes Gefühl, im Blickpunkt des begeisterten Publikums, der Fernsehkameras und der Blitzlichter der Presse zu stehen.

Jeder ist Einzelkämpfer und bietet alles auf, was erlaubt ist, um aus den Wettkämpfen der verschiedenen Klassen als Sieger mit Pokal und Urkunde hervorzugehen, oder gar als Olympiasieger aller Klassen nach Hause zurückzufahren.

Auch viele Gäste aus dem In- und Ausland wohnten diesem Ereignis bei und sparten nicht mit begeistertem Applaus. [285]

Die Clubs

Bartclubs und Bartvereinigungen

Deutschland

1. Bart- und Schnorresclub Höfen/Pforzheim
Schwäbischer Bart- und Schnauzerclub Schömberg
1. Pforzheimer Club der Bartfreunde - Pforzheim Schnäuz
Bartclub Haddamshausen-Hermershausen / Marburg
Bartclub Garmisch-Partenkirchen
Bartclub Steinau/Gründau (Hessen)
Bartclub Aura/Saale
Bartclub Garmisch Barterer Garmisch-Partenkirchen
Schnauz-Club Feldberg Mühlheim/Feldberg
Bartclub Bernau bei Garmisch
Bartclub Bart-Bägeler Winningen/Mosel
Germanischer Schnurrbartclub Hamburg
Schnorrnwastelclub Nürnberg
Ostbayerischer Bart- und Schnauzerclub Amberg

Österreich

1. Steirischer Bartclub Mönichwald
Mürzhofener Bartclub des SC-RB Mürzhofen Allerheiligen

Italien

Baffo Club Pontecurone (AL)
Club BAFFI E BARBA Montemesola
Club barba e baffi Grottaglie (Taranto)
Club Baffi e Barba Abruzzo - Mlise
Club Baffie Barba Mapello - Bergamo

Niederlande

SNORRENCLUB E.N.S.C.N. Nuenen

Schweden

SVENSKA MUSTASCHKLUBBEN Malmö

Norwegen

Den Norske MUSTACHECLUB av 91 Trondheim

Großbritannien

THE HANDLEBAR CLUB 1947

[Abb.286 (1 - 7)]

Der Wettkampf

Nach dem "Einzug der Gladiatoren" mit Musik und Beifall wurde mit Ansprachen des Bürgermeisters von Mürzhofen und der Organisatoren die Bartolympiade eröffnet.
Die Reihenfolge der Auftritte in den einzelnen Kategorien wurde bekanntgegeben und mit dem Aufrufen der Namen und der Startnummern konnten Präsentation und Wertung beginnen.
Es war ein hochinteressanter Ablauf, wie einer nach dem anderen auf der Bühne vorgestellt wurde, und wie man alle Bewerber innerhalb einer Kategorie miteinander vergleichen konnte.
Hier wurde mehr als deutlich, wie äußerst schwierig es für die Jury sein musste, Entscheidungen zu treffen.

Der Wettbewerb erfolgte in drei Kategorien

1. *Schnurrbärte*
2. *Kinn- und Backenbärte*
3. *Vollbärte*

Die Kategorien unterteilen sich jeweils in mehrere Klassen und in Freistil.

1. *Kategorie Schnurrbärte*

Klasse Naturale
Klasse Dali
Klasse Englisch
Klasse Ungarisch
Klasse Kaiserlicher Schnurrbart
Klasse Chinese
Klasse Freistil

2. *Kategorie Kinn- und Backenbärte*

Klasse Kinnbart Naturale
Klasse Kaiserlicher Backenbart
Klasse Musketier
Klasse Freistil

3. *Kategorie Vollbärte*

Klasse Naturale
Klasse Garibaldi
Klasse Verdi
Klasse Freistil

[Abb.287]

E rst der Bart
macht den Mann !

[Abb. 289]

[Abb. 288]

Die Kategorien

[Abb.290]

1. Kategorie Schnurrbärte

Klasse Naturale:
Keine Hilfsmittel erlaubt! Ca. fingerbreit über Ende Oberlippe angewachsen erlaubt.

Klasse Englisch*:
Schmal; die Barthaare werden von der Oberlippenmitte beginnend extrem lang und leicht geschwungen nach außen gezogen; die Spitzen sind leicht erhöht; die Haare dürfen nur bis zum Ende der Oberlippe angewachsen sein.

Klasse Kaiserlicher Schnurrbart*:
Buschig; klein, nach oben geschwungene Spitzen; Haare nur bis Ende der Oberlippe angewachsen erlaubt.

Klasse Dali*:
Schmal; lange Spitzen im Bogen oder steil nach oben gerichtet; Haare nur bis Ende der Oberlippe angewachsen erlaubt.

Klasse Ungarisch*:
Groß, buschig; Haare von Oberlippenmitte nach außen gezogen; ca. fingerbreit über Ende Oberlippe angewachsen erlaubt.

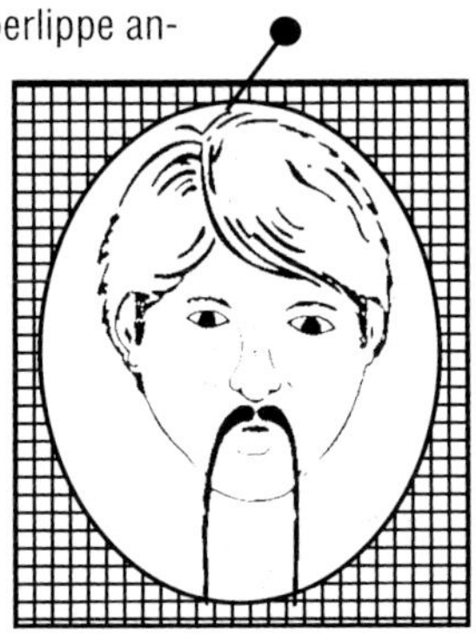

Klasse Chinese*:
Bis ca. 2 Fingerbreite unter dem Mundwinkel angewachsen ist erlaubt; Spitzen lang nach unten, auch Dschingis Khan-Form.

FREISTIL*, alle anderen, von diesen vorgegebenen Klassen abweichende Bärte, starten in dieser Klasse!

2. Kategorie Kinn- und Backenbärte

Klasse Kinnbart Naturale:
Keine Hilfsmittel erlaubt! Oberlippenbart kann ohne Hilfsmittel hervorgehoben werden.

Klasse Musketier*:
Kleiner spitzer Kinnbart; klare Trennung vom Oberlippenbart, der besonders hervorgehoben ist.

Klasse Kaiserliche Backenbärte*:
Haare nur am Backen (Wange) und Oberlippe; Kinn ausrasiert, Backenhaare nach oben.

FREISTIL*, alle anderen, von diesen vorgegeben Klassen abweichende Bärte, starten in dieser Klasse!

3. Kategorie Vollbärte

Klasse Naturale:
Keine Hilfsmittel erlaubt! Oberlippenbart kann ohne Hilfsmittel betont werden.

Klasse Garibaldi:
Breit und voll; unten rund. Oberlippenbart integriert. Hilfsmittel sind nicht erlaubt.

Wichtige Erläuterungen:

Nur bei den Kategorien mit Sternchen (*) sind Hilfsmittel erlaubt!
Hilfsmittel sind zum Beispiel: Bartwichse, Haarspray, Haarlack, Schaumfestiger, Haarwachs, Haar-Gel, etc...

Klasse Verdi*:
Unten rund, relativ kurz; Wange leicht ausrasiert, Oberlippenbart hervorgehobven.

[Abb. 291]

Die Klassensieger

<u>*Kategorie Schnurrbärte*</u>

Klasse	Naturale	*Vlado Livaja*	Kroatien
Klasse	Dali	*Hans Laxgang*	Deutschland
Klasse	Englisch	*Walter Freiburger*	Deutschland
Klasse	Ungarisc	*Willy Volz*	Deutschland
Klasse	Kaiserl. Schnurrbart	*Franz Königshofer*	Österreich
Klasse	Chinese	*Hans-Joachim Naumann*	Deutschland
Klasse	Freistil	*Willy Steidle*	Deutschland

<u>Kategorie Kinn- und Backenbärte</u>

Klasse	Kinnbart Naturale	*Gerhard Müller*	Deutschland
Klasse	Kaiserl. Backenbart	*Jürgen Burkhardt*	Deutschland
Klasse	Musketier	*Reinhard Bürker*	Deutschland
Klasse	Freistil	*Ernst Krause*	Deutschland

<u>Kategorie Vollbärte</u>

Klasse	Naturale	*Reinhard Meierhofer*	Österreich
Klasse	Garibaldi	*Harry Balzer*	Deutschland
Klasse	Verdi	*Viktor Feiner*	Österreich
Klasse	Freistil	*Karl-Heinz Stengel*	Deutschland

Fast zum Schluss gab es noch eine hochfavorisierte Nachmeldung:

Mister Mc. Ziegenbock

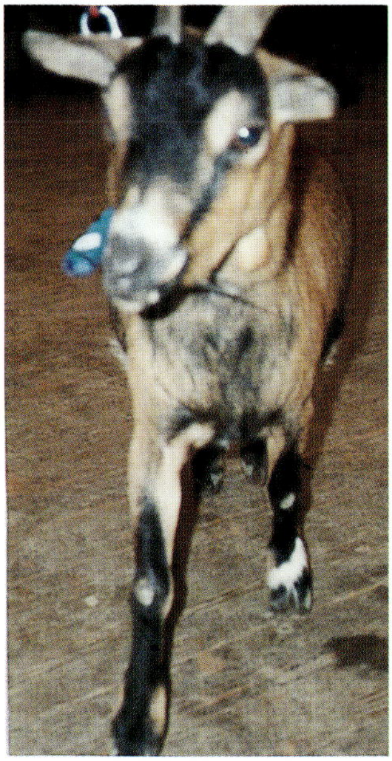

[Abb.292]

Der Favorit, von der Müller-Farm Mürzhofen, - leider die einzige Meldung in seiner Klasse - nahm mit seinem gestylten Bart der Klasse Freistil die Jury sofort für sich ein und erhielt einstimmig 10 Punkte.

Der spannendste Teil des Wettbewerbes war zweifellos das Aufeinandertreffen der einzelnen Klassensieger zum krönenden Abschluss - dem

Olympiasieger S u p e r b a r t

Die Jury stand vor der fast unlösbaren Aufgabe, aus den Siegern, die alle selbst schon Superbärte hatten, sozusagen den Super-Superbart zu bestimmen.

S U P E R B A R T - Olympiasieger			
1. Platz	*Ernst Krause*	Deutschland	Kinn- und Backenbärte - Freistil -
2. Platz	*Karl-Heinz Stengel*	Deutschland	Vollbärte - Freistil -
3. Platz	*Jürgen Burkhardt*	Deutschland	Kinn- und Backenbärte - Kaiserl. Backenbart -

Zum geselligen Abschluss präsentierten sich noch einmal alle Teilnehmer bei ausgelassener Stimmung, unterstützt durch die Kapfenberger Musikanten. Wer wollte, hatte jetzt noch Gelegenheit, das Tanzbein zu schwingen.
Auch wer keinen Pokal mit nach Hause nehmen konnte (eine Urkunde bekamen alle Teilnehmer) dabeisein war alles, und vielleicht klappt es dann das nächste Mal.

Jürgen Burkhardt *Ernst Krause* *Karl-Heinz Stengel* [293]

Schnurrbärte
- Sieger -

Dali [294]
Hans Laxgang

Naturale [295]
Vlado Livaja

Englisch [296]
Walter Freiburger

Chinese [297]
Hans-Joachim Naumann

Ungarisch [298]
Willy Volz

Kaiserl. Schnurrbart
Franz Königshofer
[299]

[300]

Freistil - *Willy Steidle*

Kinn- und Backenbärte
- Sieger -

Freistil [302]
Ernst Krause

Musketier
Reinhard Bürker

Kaiserl. Backenbart
Jürgen Burkhardt

Naturale [301]
Gerhard Müller

Vollbärte
- Sieger -

Verdi [304]
Victor Feiner

Freistil [306]
Karl-Heinz Stengel

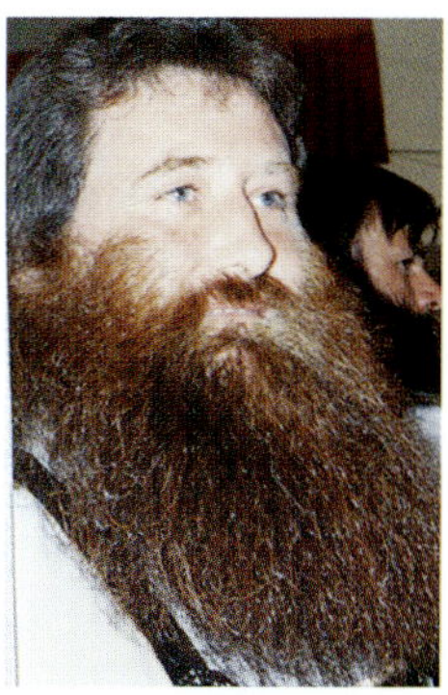

Naturale [303]
Reinhard Meierhofer

Garibaldi [305]
Harry Balzer

Querschnitte II

Schnurrbart Dali

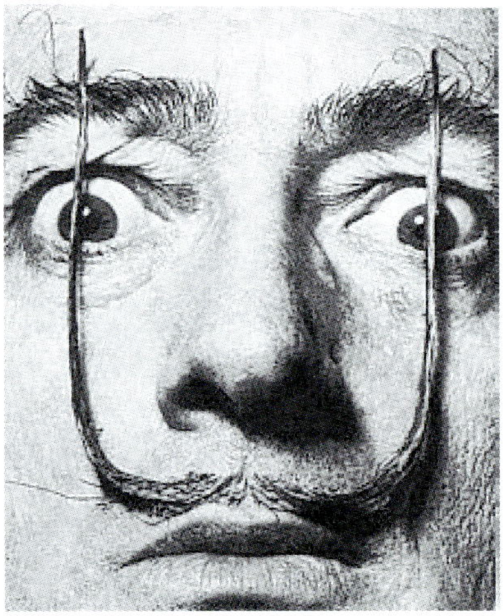

Salvador Dali
span. surrealistischer Maler
(1904 - 1989)

[Abb. 307, 308]

Hans Laxgang
[309]

Joachim Fritz
[310]

Tony Hennhöfer [311]

Hans Laxgang (Kategorie Schnurrbärte - Klasse Dali)

Sein Bart macht ihn ohne Zweifel interessant. In den letzten Jahren war Hans Laxgang in seiner Klasse stets der Sieger. Obwohl er nun bereits seit ca. 15 Jahren immer dieselbe Bartform trägt, wird sie ihm nicht langweilig.

Die Idee dafür bekam er aus alten Filmen und von seinem Großvater, der einen ähnlichen Bart trug. Weiter ausgebaut und phantasievoll verfeinert hat er diese Idee im Laufe der Jahre. Als er seinen Bart zum ersten Mal in dieser Form trug, war er weit und breit der Einzige seiner Umgebung.

Inzwischen hat er viele Nachahmer gefunden. Mit so perfekt gestyltem Bart wie zur Olympiade, geht er auch täglich zur Arbeit, (er ist Bildhauermeister von Beruf und führt ein Geschäft).

Auch nachts bleibt der Bart in seiner Form. Eine Bartbinde, wie man sie früher bei größeren Oberlippenbärten trug, benutzt er nicht, das wäre ihm doch zu umständlich. Morgens wird dann eben wieder gerichtet, was sich nachts verbogen hat.

[Abb.312]

Seinen Bart wäscht er, wie übrigens auch alle anderen Bartträger, mit einem milden Shampoo, danach wird er mit Bartwichse so lange gezwirbelt, bis er wieder ein Muster an Perfektion ist. Diese Prozedur dauert ca. 30 Minuten. Hans Laxgang könnte sich nicht vorstellen, jemals eine andere Bartform zu wählen, geschweige denn, seinen Bart abzurasieren. Ihm gefällt nun mal gerade diese Art Bart - und ich finde, sie passt auch besonders gut zu ihm. Auf die Frage, wie seine Frau darüber denkt, erfuhr ich, dass er unverheiratet ist. Der Bart sei aber ganz gewiss nicht daran schuld, erklärte er lächelnd.

Bei Veranstaltungen dieser Art, er fehlt bei keiner, treffen in Deutschland meist so um die 200 Teilnehmer aufeinander. Daran sieht man, wie stark die Konkurrenz ist.

Schnurrbart Englisch

Schnurrbart Ungarisch

Ungarisch *Willy Volz* [313]

Englisch *Walter Freiburger*

Englisch [314]
Fritz Ochner

Andreas Friesenbichler [315]

Schnurrbart Chinese

Hans-Joachim Naumann [316]

Kurt Pollok [317]

Kaiserlicher Schnurrbart

Franz Königshofer
[318]

Walter Orthofer
[319]

Josef Auchter
[320]

Schnurrbart Freistil

Hans Hübler *Willy Steidle* *August Auger*
[322]

Schnurrbart Naturale

Vlado Livaja
[321]

Kaiserlicher Backenbart

Kinnbart Naturale

Franz Mitterhauser — *Jürgen Burkhardt* [323] — *Jochen Thilo Reinhardt*

Gerhard Müller [324]

Klasse Musketier

Jens Müller — *Hans-Peter Gutjahr* — *Reinhard Bürker* [325]

Kinn- und Backenbärte - Freistil

[Abb.326]

Gerhard Knapp *Ernst Krause* *Willy Chevalier* *Heinz Christophel*

[Abb.327]

Heinz Christophel (Kinn- und Backenbärte - Freistil)

Heinz Christophel betreibt ein Foto- und Lottogeschäft und ist mit seinem Bart selbst sein bestes Aushängeschild. Die Leute kommen allein schon mal vorbei, weil sie ihn im Fernsehen oder in der Zeitung gesehen haben und ihn nun in natura erleben wollen.
Sein Bart hat 52 cm Spannweite und er trägt ein und dieselbe Bartform nun bereits seit acht Jahren. Hin und wieder opfert er mal $^1/_2$ cm davon, verändert aber nichts an der Form. Er geht in jedem Fall immer mit gestyltem Bart durchs Leben.
Eigentlich wollte er sich (natürlich nur als Gag) den Bart einmal in den österreichischen Nationalfarben färben lassen, doch bei Wettkämpfen verbietet sich so eine Idee von selbst.
Von Natur aus ist sein Bart etwas rötlich, aber er hilft auch schon mal mit einer Tönung nach. Seinen Bart sieht er gewissermaßen als Hommage an seinen Großvater, der ebenfalls einen roten Bart hatte.

[Abb.328]

Heinz Christophel möchte seinen Bart auch als einen kleinen Beitrag dazu sehen, die Menschen in dieser traurigen Welt zum Lächeln zu bringen.
Wer immer ihm nachschaut oder an ihm vorbeigeht, ihm gegenübersteht - die Menschen sind freundlich und interessiert - und das macht ihn froh.
Um seinen Bart zu richten, braucht er jeden Morgen 15 bis 30 Minuten. Niemals läßt er ihn nur so herunterhängen, niemals rollt er ihn ein oder was es sonst noch gibt.
Ob zu Hause, im Geschäft oder zu Meisterschaften, immer bevorzugt er die gleiche Bartfrisur.
Seine Frau findet das o.k. und seine Kinder sind mit diesem besonderen Vater häufig der Mittelpunkt in der Schule.

Auf die Frage, wie er denn baden geht mit so einem Bart, antwortet er: "Ich gehe schon baden mit meiner Familie, aber ich gehe nicht ins Wasser." Heinz Christophel hat vor, in seiner Gegend auch einen Bartclub zu gründen und hat dabei auch ganz bestimmte Vorstellungen.
Jedenfalls hat er sich hohe Ziele gesteckt.

[Abb.329] **Bild rechts:**
Ernst Krause
Sieger Superbart

Bart-Olympiade 1996
20

Vollbärte - Naturale

Wilhelm Preuß *Reinhard Meierhofer* *Markus Bross*
[330]

Paul Boschert [331]

Vollbärte - Freistil

Karl-Heinz Hummel *Armin Knapp* *Karl-Heinz Stengel*
[332]

Armin Knapp - Vollbärte - Klasse Freistil

Die Spannweite seines Bartes misst ca. 50 cm. Ab und zu schneidet er einen Zentimeter ab, damit das Gesichtshaar besser nachwächst. Er ist Friseurmeister von Beruf und weiß wovon er redet, der Bartform nach hätte man es fast erraten können.
Er stylt nach Phantasie, immer mal etwas anderes, doch in dieser Art trägt er seinen Bart immerhin schon $2\,^{1}/_{2}$ Jahre.
Im Geschäft und zu Hause privat rollt er den relativ langen Bart unter dem Kinn mit Papilotten zusammen, so dass er wie ein kleiner kurzer Vollbart aussieht. So stört er nicht bei der Arbeit und sieht unauffälliger aus.
Armin Knapp möchte kein großes Aufsehen erregen. Hierin unterscheidet er sich schon von vielen anderen Teilnehmern der Olympiade. Doch wenn er einmal loslegt, dann muss es schon etwas Ausgefallenes sein.
Privat ist er eher zurückhaltend, aber stets sehr freundlich. Er möchte eben nicht immerzu auf seinen Bart angesprochen werden und hat es auch nicht so gern, wenn man sich pausenlos nach ihm umdreht. Für ihn ist der Bart das Kunstwerk, das nur auf Ausstellungen, sprich Meisterschaften, präsentiert wird und da zeigt er, was er drauf hat. Mit Haarspray und Fön braucht er ca. eine Stunde, um diese Pracht zu zaubern. Wenn er seinen Bart dann vollendet gestylt hat, läßt er sich auch gern mal bewundern.

Armin Knapp - Vollbärte - Klasse Freistil [333]

Karl-Heinz Hummel - Vollbärte - Klasse Freistil

Auch Karl-Heinz Hummel läßt seinen Bart bereits seit 15 Jahren wachsen. Er bevorzugt immer mal eine andere Form, um es für ihn nicht langweilig werden zu lassen. Innerhalb des Clubs stimmen sich die Mitglieder in der Bartform im Allgemeinen so ab, dass stets alle Clubmitglieder zu jeder Zeit einmalig sind.
Er und seine Mitstreiter stylen ihre Bärte mit extra starkem Haarspray, nachdem sie den gekräuselten Bart nach dem Waschen geglättet haben. Er wird solange in die jeweilige Form gezogen, gefönt und gesprüht, bis der Träger mit der Gestalt seines Gesichtshaares zufrieden ist.
Mit solch einem Bart darf man sich selbstverständlich nicht dem direkten Regen aussetzen, sonst fällt er in sich zusammen und die ganze Pracht hängt nur noch schlapp wie Bindfäden nach unten. Nachts bürstet Karl-Heinz Hummel seinen Bart ganz einfach unkompliziert nach unten, wie es viele von ihnen tun. Und morgens wird das Kunstwerk wiederhergestellt. Andere kleiden sich auffällig und er habe eben einen außergewöhnlichen Bart.
Bei ihm ist es gerade seine Frau, die sich intensiv um seinen Bart kümmert. Ihr gebührt viel Lob, sie ist die Künstlerin, er ist der Träger, deshalb aber genauso interessant.

[Abb.334]

Als es zur Auswertung kam, konnte man beobachten, wie sie fasziniert mit Herz und Seele beim Geschehen war. Doch dann zeigte sie sich ganz zufrieden, als ihr Mann den 2. Platz belegte (er war es wohl nicht so ganz) aber auf jeden Fall ein Grund zur Freude.
Niemals - und diese Meinung vertreten fast alle überzeugten Bartträger - würde er sich wegen einer Frau den Bart abrasieren lassen (wobei ich kaum glaube, dass bei solchen Bärten eine Frau das ernstlich erwarten würde).
Er und die Mitglieder seines Bartclubs werden oft auf ihre außergewöhnlichen Bärte hin angesprochen, bewundert und bestaunt - das gefällt ihnen und bestärkt sie in dem was sie tun.
Ein Mitglied seines Clubs musste sich kurz vor der Olympiade stolze 5 cm seines Kunstwerkes abschneiden, er war mit dem Feuerzeug zu nahe herangekommen.
Vielleicht sollte man mit so einer Bartpracht das Rauchen dann doch lieber lassen.

Vollbärte - Verdi

Giuseppe Verdi
ital. Komponist
(1813 - 1901)
[335]

Viktor Feiner
[336]

Stefan Pfrommer
[337]

Dieter Theis
[338]

Wolfgang Stier - Vollbärte - Verdi

[Abb.339]

(Gründer und 1. Präsident VDB / Verband Deutscher Bartclubs)

Wolfgang Stier trägt seinen Bart bewusst in dieser Form erst seit 1990. Er liebt die Abwechslung und je nach Lust und Laune verwandelt er ihn.
Heute mal Außenrolle, morgen glatt nach unten, vielleicht auch mal in der Mitte gescheitelt.
Seiner Frau ist sein Bart fast ein Heiligtum, für sie wäre es beinahe ein Scheidungsgrund, würde er ihn sich abrasieren. (Schön für einen Mann, wenn seine Frau so engagiert ist).

Als Vorsitzender seines Bartclubs ist er stets bemüht, die bärtigen Männer ins rechte Licht zu rücken. Er wünscht sich für die Zukunft noch mehr Bartclubs in Deutschland.

[Abb. 340]

Vollbärte - Garibaldi

Giuseppe Garibaldi
ital. Freiheitskämpfer
(1807 - 1882) [341]

[342] *Harry Balzer* *Ludwig Neuner* *Helmut-Josef Wagner*

Harry Balzer
[343]

Ludwig Neuner
[344]

Heinrich Fischer - Vollbärte - Garibaldi [345]

[Abb.346]

[Abb.347]

Karl-Heinz Stengel - Vollbärte - Freistil [348]

Teilnehmerliste und Plazierungen

Schnurrbärte

Schnurrbart Naturale

1. Platz	*Vlado Livaja*	Kroatien

Schnurrbart Dali

1. Platz	*Hans Laxgang*	Deutschland
2. Platz	*Joachim Fritz*	Deutschland
3. Platz	*Tony Hennhöfer*	Deutschland
4. Platz	*Lothar Kuhn*	Deutschland
5. Platz	*Jan Bischoff*	Deutschland

Schnurrbart Englisch

1. Platz	*Walter Freiburger*	Deutschland
2. Platz	*Fritz Ochner*	Deutschland
3. Platz	*Andreas Friesenbichler*	Österreich
4. Platz	*Peter Schmidt*	Österreich

Schnurrbart Ungarisch

1. Platz	*Willy Volz*	Deutschland
2. Platz	*Josef Hiebler*	Österreich

Kaiserl. Schnurrbart

1. Platz	*Franz Königshofer*	Österreich
2. Platz	*Walter Orthofer*	Österreich
3. Platz	*Josef Auchter*	Deutschland
4. Platz	*Ferdinand Romankiewicz*	Deutschland
5. Platz	*Frank Werthwein*	Deutschland
6. Platz	*Georg Busato*	Deutschland

Schnurrbart Chinese

1. Platz	*Hans-Joachim Naumann*	Deutschland
2. Platz	*Kurt Pollok*	Deutschand

Schnurrbart Freistil

1. Platz	*Willy Steidle*	Deutschland
2. Platz	*Hans Hübler*	Deutschland
3. Platz	*August Auger*	Österreich

Kinn- und Backenbärte

Kinnbart Naturale

1. Platz	*Gerhard Müller*	Deutschland

Kaiserl. Backenbart

1. Platz	*Jürgen Burkhardt*	Deutschland
2. Platz	*Jochen-Thilo Reinhardt*	Deutschland
3. Platz	*Franz Mitterhauser*	Österreich

Musketier

1. Platz	*Reinhard Bürker*	Deutschland
2. Platz	*Jens Müller*	Deutschland
3. Platz	*Hans-Peter Gutjahr*	Deutschland
4. Platz	*Wolfgang Kadrnoska*	Österreich

Freistil

1. Platz	*Ernst Krause*	Deutschland
2. Platz	*Gerhard Knapp*	Deutschland
3. Platz	*Willy Chevalier*	Deutschland
4. Platz	*Heinz Christophel*	Deutschland
5. Platz	*Andreas Becht*	Deutschland
6. Platz	*Lois Eisenfaust*	Österreich

Vollbärte

Naturale

1. Platz	*Reinhard Meierhofer*	Österreich
2. Platz	*Wilhelm Preuß*	Deutschland
3. Platz	*Markus Bross*	Deutschland
4. Platz	*Franz Bischof*	Österreich
5. Platz	*Paul Boschert*	Deutschland
6. Platz	*Martin Geisler*	Österreich
7. Platz	*Adolf Kreisel*	Deutschland
7. Platz	*Johann Grünbichler*	Österreich
7. Platz	*Herbert Dobner*	Deutschland
10. Platz	*Werner Pfundner*	Österreich
11. Platz	*Andreas Burgmann*	Österreich

noch Vollbärte

Garibaldi

1. Platz	*Harry Balzer*	Deutschland
2. Platz	*Ludwig Neuner*	Deutschland
3. Platz	*Helmut-Josef Wagner*	Deutschland
4. Platz	*Heinrich Fischer*	Österreich
5. Platz	*Anton Krogger*	Österreich
6. Platz	*Alois Strauss*	Österreich
6. Platz	*Eberhard Seibold*	Deutschland
8. Platz	*Alois Gruber*	Österreich
9. Platz	*Dieter Wiezorek*	Deutschland
9. Platz	*Gerhard Schmidbauer*	Deutschland
11. Platz	*Alois Andrich*	Österreich
12. Platz	*Richard Härtl*	Deutschland

Verdi

1. Platz	*Viktor Feiner*	Österreich
2. Platz	*Stefan Pfrommer*	Deutschland
3. Platz	*Dieter Theis*	Deutschland
4. Platz	*Hubert Radakavitsch*	Österreich
5. Platz	*Dieter Gugel*	Deutschland
6. Platz	*Hans Kaun*	Deutschland
6. Platz	*Hartmut Hirlinger*	Deutschland
8. Platz	*Wolfgang Stier*	Deutschland
8. Platz	*Wolfgang Grothe*	Deutschland
10. Platz	*Manfred Hischke*	Deutschland

Freistil

1. Platz	*Karl-Heinz Stengel*	Deutschland
2. Platz	*Karl-Heinz Hummel*	Deutschland
3. Platz	*Armin Knapp*	Deutschland
4. Platz	*Franz Höfer*	Österreich
4. Platz	*Reinhold Scherle*	Deutschland
6. Platz	*Ewald-H. Ziegler*	Deutschland
7. Platz	*Jörg Diamantopoulos*	Deutschland

Teil 4

Randbetrachtungen

*Ein Bart ist die ernsteste Sache der Welt -
obwohl er auch recht unterhaltend sein kann.*
Arthur Baldwin

Goethe und Bart

» ... bedenkt ..., wie viel dazu gehört, jemanden zu barbieren.«
(Die Aufgeregten, IV. Aufzug)

Uns ist kein bärtiges Bild Goethes überliefert, und doch soll er nach *Falk* um 1792 einen »starken schwarzen Bart« getragen haben. Mit seiner sonst üblichen Bartlosigkeit entsprach er dem Geschmack der damaligen Oberschicht, die erst um 1800 den in England aufkommenden Backenbart zu tolerieren begann und wenig später mit Entsetzen die oft wilden Bärte der rebellierenden Studenten und »Demagogen« betrachtete.
Goethe gewann dem Rasieren meist komische Züge ab: So schildert er in *Dichtung und Wahrheit* (1,2), wie er mit der Schwester durch wildes *Klopstock-Zitieren* den Barbier so erschreckt hätte, daß dieser dem Vater »das Seifenbecken in die Brust« goß.
In der Erzählung »Die gefährliche Wette« aus *Wilhelm Meister* (Wanderjahre) dient das Rasieren als Tarnung für einen dreisten Scherz, im *Bürgergeneral* spielt der Barbier Schnaps den Trottel, und in den »Aufgeregten«, aus denen das Motto stammt, wird der Chirurgus Breme als aufgeblasener Möchtegernumstürzler porträtiert.
Andererseits verwandte Goethe den Bart beim Harfner im *Wilhelm Meister* und im *Faust* als »Kennzeichen des Weisen« und berichtete von der *Italienischen Reise,* er sei »entzückt« gewesen, Gesichter zu sehen, »von Haar und Bart in einen Rahmen eingefaßt« (September 1787).

(Aus „Taschenlexikon Goethe“ von Friedemann Bedürftig)

Unterhaltsames zum Bart

Es ist sicher ganz witzig zu lesen, mit welcher Aggressivität, kuriosen Argumenten und angeblich wissenschaftlichen Erkenntnissen, manche Menschen gegen Bärte und Bartträger vorgingen.

(Im Folgenden alles Zitate von 1903 - 1907 - *kursiv* -)

Aus heutiger Sicht erkennt man so richtig die Unsachlichkeit und Arroganz, ja geradezu Dummheit, mit der gegen Bärte manchmal argumentiert wurde.
In der Zeitschrift "Chicago Chronicle" von 1903 erklärt ein Arzt den Bärten den Krieg. Ausgehend davon drückt die Journalistin Edith Tupper ihr gespaltenes Verhältnis zu Bartträgern so aus:
"Wenn es das 20. Jh. schafft, den Bart aus dem Gesicht des Mannes zu verbannen, wäre das Ruhm genug für 100 Jahre.
Ich finde es sehr begrüßenswert, dass ein bestimmter Physiologe den Bärten den Krieg erklärt hat, indem er sie als Herde von Schmutz und Krankheiten bezeichnete. Jede Art von Bart spricht Bände über seinen Träger.
Da gibt es die dogmatischen Bärte, wie sie oft von Kirchenbeamten getragen werden - lang und schmal - sie sagen ganz klar,' hier bin ich, alles andere ist minderwertig.'
Nie sah ich einen Mann mit van-Dyck-Bart, der nicht egoistisch, düster und pompös wie ein Pfau war. Viele von ihnen sind Künstler. Ein solcher Mann nimmt sich selbst zu wichtig.
Dann gibt es da noch die salbungsvollen Bärte, lang, breit, wallend. Die Bärte der älteren Mormonen. Sie umsäumen gewöhnlich volle, sinnliche, selbstgefällige, heuchlerische Lippen.
Traue niemals solchen Bärten !
Es gibt Scholarenbärte, kurzgeschnittene Koteletten, bevorzugt von hohen Kirchenmännern und Collegeprofessoren. Sie verkünden vornehmen Geschmack und Lebensstil.
Kurzgeschnittene, respektable Bank-Präsidenten-Bärte, die auch von Staatsmännern getragen werden, sind ein Zeichen für Anstand, aber auch Trägheit und Stumpfsinn.
Die Bärte der Anarchisten - ungekämmt, verfilzt, ein grimmiger Rahmen für das Gesicht eines Wilden.
Schnurrbärte sind nicht so schlimm, wie Backen- und Kinnbärte.
Sie geben einem Mann etwas Solides. Wenn ein Mann unbedingt Haare in seinem Gesicht tragen will, so sollte es auf diese Art geschehen.
Ein Schnurrbart verdeckt oft hässliche Lippen oder Zähne; damit erweist man der Menschheit sogar einen Gefallen.
Die Helden vieler Novellen, die von Frauen geschrieben wurden, haben lange, blonde, seidige Schnurrbärte, die sie ständig zwirbeln und streichen.
In letzter Zeit hat sich allerdings die Mode des glattrasierten, strenggesichtigen Kerls mit einem beharrlichen Kinn als besonders populär erwiesen. Alle Klassen von Männern sind dieser Mode gefolgt, so dass es heutzutage schwierig ist, Kutscher von ihren Dienstherren und Künstler von Kirchenmännern zu unterscheiden.

Es ist eine reinliche Mode und empfehlenswert für alle Männer mit einigermaßen guten Konturen.

Glattrasierte zeichnet eine gewisse Würde aus, die Bärtige nie haben werden.
Ein glattrasiertes Gesicht regt zu hohen Gedanken an. Hinter Hecken aus Bart verbergen sich oft gemeine, niedrige Gedanken, die ein glattrasiertes Gesicht niemals verstecken kann."

Erschienen im folgenden Jahr in "Harper's Weekly":
"Die verschiedensten Arten fragmentaler Bartformen karikieren das Antlitz, werten es burlesk, possenartig auf Tiergesichter ab und berauben es sowohl der Ernsthaftigkeit des glattrasierten Gesichtes als auch der Würde der Vollbartträger.
In jedem Fall aber ist der Bart sehr schmuddelig, was der beste Grund ist, ihn zu reformieren. Er sammelt Schuppen, die die Kleider bestreuen, saugt sich voll Suppe, Kaffee und andere Speisereste und ist überhaupt absurd.

Die Jugend läßt sich einen Bart stehen, um die Leere in ihren Gesichtern zu füllen oder dem Gesicht zu schmeicheln. Später würden sie ihn sich gerne wieder abrasieren, fürchten aber, damit das Charakteristische ihres Gesichtes bzw. ihre Persönlichkeit zu verlieren.
Heutzutage ist ein anderer Bart modern, für den die Friseure auch schon einen neuen Namen haben : sie fragen, ob man es gern ‚stoppelig' hätte.
Unförmige Kinne, aufgequollene Lippen, alberne Münder, brutale Kiefer, fette Genicke, die sich bisher unter Haar verbargen, zeigen sich jetzt und versetzen den Besitzer nicht selten in Erstaunen oder Erschrecken.
‚Guter Gott, hat Jones etwa schon immer so ausgesehen?' Jones selbst ist alles andere als besorgt. Er ist sehr zufrieden mit dem neuen Aspekt seines Aussehens und betrachtet es als eine Schande, dass so viel Schönheit so lange verhüllt gewesen ist.
Wenn er mit seiner Hand über die weiche Oberfläche streicht, die nur eine glattrasierte Haut aufweist, kann er sich des Gedankens nicht erwehren, dass die Leute ihn bewundern, auf jeden Fall hat er das gewisse Etwas."

Weiter heißt es in dem Artikel:
"Ein halbes Jahrhundert hielt der Bart den Hals eines Trägers warm, filterte die Luft, ehe sie in die Lunge strömte und schützte somit vor ‚Ausgelaugtheit'.
Diese ‚Ausgelaugtheit' heißt heute (1903) Tuberkulose und ist nicht erblich, sondern infektiös. Die Wissenschaft nimmt an, dass der Bart mit Bakterien infiziert ist und diese direkt in die Lungen transportiert."

Frank Richardson dazu:
"Ein deutscher Wissenschaftler schätzte, dass 2 000 000 Mikroben in einem ‚durchschnittlichen Bart' hausen.
Es ist nicht gerade ein angenehmes Gefühl, dass, spricht man mit einem Bärtigen, man sich in Gegenwart einer riesigen unsichtbaren Armee von Bakterien befindet, die jeden Moment einen Angriff auf einen planen könnte."

Mrs. C.E. Humphry schrieb 1904 in "Etikette für jeden Tag" :
"Das Rasieren der Männer ist eine ziemlich radikale Veränderung der Mode, die sich doch sonst nur geringfügig ändert. Die Individualität ist zwar verloren, doch vom verschönenden Standpunkt aus gesehen ist ein Bart, welcher Art auch immer, ein Fehler, wenn der Mann ein wohlgeformtes Kinn hat.
Wenn überhaupt Bart, dann sollte ein Mann mit einem langen Gesicht einen runden Bart haben. Aber hat ein Mann ein sehr rundes, fettes Gesicht, sollte er den Imperial-Bart tragen (lange, schmale Variante des van-Dyck-Bartes).
Seltsamerweise sind es die Amerikaner, die ihn bevorzugen, obwohl ihre Gesichter, die sowieso schon lang und schmal sind, ihn weniger benötigen als sonstwer.

Der Schnurrbart hat einen starken Effekt auf die Ausstrahlung eines Mannes. Die Männlichkeit und Ausdruckskraft, die er verleiht, sind so groß, dass es lange Zeit nur Offizieren erlaubt war, ihn als Zeichen der Armeezugehörigkeit zu tragen.
Ein Mann mit einer trivialen Nase sollte keinen großen Schnurrbart tragen. Tut er es doch, verstärkt er die Bedeutung seiner unbedeutenden Nase. Mit einer großen Nase sollte ein großer Schnurrbart einhergehen, wobei sich seine Enden nicht über die gerade Linie der äußeren Augenwinkel ausdehnen sollten.
Manchmal sind die Bartenden sichtbar für einen, der hinter dem Mann läuft. Dies gibt ihm ein kriegerisches, aggressives Aussehen, das kleinen Kindern Angst davor macht, ihn nach der Zeit zu fragen."

"Barber's Journal"
Anzeige von 1904:

Um die neuste Mode des Gesichtsschmuckes zu erlangen, den
"Kaiser - Bart"
Enthält kein Fett (Schmiere oder Pomade). Nur ins Wasser tauchen und auf Schnurrbart und Bart auftragen. Wird denselben Für den Rest des Tages in Form halten. Jetzt in Benutzung und zu erwerben bei allen Führenden Friseuren.
Preis: 50 ¢

Herbst 1906 *"North American Review"*

"In Rom hat die Gewerkschaft der Kellner verlauten lassen, dass ab sofort alle Kellner Bärte tragen sollten. Ein Grund dafür wurde nicht angegeben, wahrscheinlich aber war der Anlass, dass das glattrasierte Gesicht ein Zeichen der Bediensteten war.
Das Magazin betonte, dass immer mehr junge Männer sich glattrasieren, wozu also der Bart für den Kellner? Außerdem wäre der lange Bart eines Kellners in dem Suppenteller, der gerade serviert wird, nicht gerade eine erbauende Vorstellung.

Friseure mögen einen gewissen Anspruch auf Bärte haben, aber ein Kellner hat keinen praktischen Nutzen davon.
Im übrigen wird sicher die moderne Bakterien-Theorie ihn bald dieses Privilegs berauben."

Satiriker William Inglis 1907 in *"Harper´s Weekly"*

Artikel - *"Die Revolte gegen die Bärte"*

Vielleicht kann kein größerer Beweis für das schnelle und sichere Wachstum des ästhetischen Sinnes der amerikanischen Bürger gefunden werden, als die momentane Revolte gegen die Bärte. Entsprungen in Upper Montclair, New Jersey, einer Vorstadt von New York, hat sich dieser Aufstand wie ein Lauffeuer über das ganze Land ausgebreitet, sprang über den Atlantik und lief mit wachsender Geschwindigkeit durch das ganze haarige England.
Mr. Cornish, ein demokratischer Versammlungsmann aus Essex County stellte in einer New Jerseyer Gesetzgebungsversammlung einen Gesetzesentwurf vor, der die Bärte besteuern sollte.
Es gab eine scharfe Debatte, doch am Ende siegten die Bärte!
Inglis schrieb weiter über Mr.Cornish: Er stellte viele Nachforschungen an, sammelte eine große Zahl von Daten. Viele der Befragten waren grobe vulgäre Männer, die höflich befragt, nach dem Grund, warum sie Bärte trügen, Antworten gaben, die man besser nicht wiederholen sollte. Die Mehrheit sagte aber, der Ökonomie wegen, um Friseurkosten und Halsbinden (Binder) zu sparen.
Mr. Cornish hatte bereits eine anwendbare Kostentafel für Bartsteuern entworfen.

Für gemeine oder einfache Bärte	*5 $ pro Jahr*
Koteletten	*10 $*
"Imperials" Pinselschnitte	*30 $*
gewöhnliche "Kamelhaar-Bleistifte"	*30 $*
Geometrische "Krempelbärte"	*50 $*

Diese Idee fand auch in England Anklang.
"Es ist die beste Sache der Welt", sagte der Szenenkenner Frank Richardson.
"Die Idee ist glänzend und sollte bei nächster Gelegenheit in England eingeführt werden. Aber die Steuern sind nicht hoch genug. Sie sollten 20 £ pro Barthälfte sein. Ich habe zwar noch nie einen Mann mit nur einer Barthälfte gesehen, aber ich kann mir auch nicht vorstellen, warum das nicht möglich sein sollte, genau wie auch nur ein Augenglas (Monokel) getragen wird.
Wenn Männer darauf bestehen, als Schandfleck herumzulaufen, kann ich nicht einsehen, warum sie nicht einen hohen Preis für dieses Privileg zahlen sollten."
Mr. Richardson stellte die erste Liste von Gesichtsverzierungen auf, die folgend aussah:
"Bärte - Gesichtsflossen - Ohrenwachen - Wetterhähne - Gesichtspilze - Reisetaschen - Herdvorleger - Koteletten - Farbpinsel - Bärtchen - Schnurrbärte, die umgekehrten Augenbrauen und das Walroß".

Weiter Mr. Richardson:
"Es gibt keinen Grund, warum nicht auch Schnurrbärte besteuert werden sollten. Ein abgewandelter Schnurrbart, wie eine Augenbraue, so wie ich selbst einen trage, könnte bei einem Pfund rangieren, während ein ‚Walross' nicht auf der Straße erlaubt sein dürfte, ehe der Mann nicht dafür 20 £ an den Staat gezahlt hat.
Die Besitzer und Pfleger von Bärten werden wahrlich diese Steuer als entgegen der Verfassung bekämpfen, aber sie können nicht siegen. Denn wie Paracelsus oder ein anderer schlauer Mensch ganz richtig sagte, ‚Bärte haben keine Freunde'."*

* und sie siegten doch !(d. Verf.)

--------- Ende der kuriosen Zitate ---------

"Oh Gott, es ist passiert! Eulen und eine Henne mit Küken haben ein Nest in meinem Bart gebaut!"
[349]

Gedankensprünge - nicht ganz ernst zu nehmen

Ganz sicher sagt der Bart einiges über den Geschmack seines Trägers aus. Ungerecht wäre es dennoch, hinter jedem Schnauzbart einen Schnauzer zu vermuten, und es bedarf sicher etwas weiblichen Geschicks, einen Schnurrbart zum Schnurren zu bringen.

Am populärsten unter allen Bärten scheint der Vollbart zu sein.
Viele Frauen lieben geradezu einen Vollbart an Männern wegen seiner unbestreitbar erotischen Wirkung.
Unentbehrlich ist er für den Weihnachtsmann und für alle, die ihre Jugend dahinter verbergen wollen. Bereits Barbarossa schuf sich damit sein historisches Aussehen. Harmlos, selbst für Raucher, denn es besteht die Möglichkeit, einen Vollbartbrand mit Bier zu löschen.

Sehr zweckmäßig sind die verschiedensten Mini-Bartformen unter der Nase, da sie sich bei Schnupfen ausgezeichnet als Tropfenfänger eignen!

Um sich die Frauenwelt vom Hals zu halten, ist ein Stoppelbart (3-Tage-Bart) sehr empfehlenswert, der zwar von der Ferne recht erotisch wirken kann, jedoch bei Annäherungsversuchen eher zum Feindbild wird.

Erst der Bart versetzt uns in die Lage, Darwin und seine Abstammungslehre richtig zu begreifen.

Im Erfinden neuer Bartformen beweist der Mann einen enormen Einfallsreichtum.
Es heißt oft, Bärtige seien auch in der Liebe einfallsreicher - sagen Frauen, die es wissen müssten.

Jedem bleibt es selbst überlassen, den Bart farblich zum Anzug, bzw. den Anzug passend zum Bart zu tragen.

Seltsamerweise gibt es noch immer Sonderlinge, die es vorziehen, mit nacktem Gesicht durch diese bärtige Welt zu laufen. Sie behaupten stur und steif, der Bart sei ein Relikt aus grauer Vorzeit.

[Abb.350]

Ein Mann saß im Baum vor dem Haus
dessen Bart sah so wunderschön aus.
Doch die Vögelein all
die rupften ihn kahl
zu bau'n ihre Nester daraus.

Unrasiert,
nie verliert !
[351]

Adelbert von Chamisso

Der rechte Barbier

Und soll ich nach Philisterart
Mir Kinn und Wangen putzen,
So will ich meinen langen Bart
Den letzten Tag noch nutzen;
Ja, ärgerlich , wie ich nun bin:
Vor meinem Groll, vor meinem Kinn
Soll mancher noch erzittern!

Tritt her, Bartputzer, aufgeschaut!
Du sollst den Bart mir kratzen;
Doch kitzlig sehr ist meine Haut.
Ich biete hundert Batzen!
Nur, machst du nicht die Sache gut
und fließt ein einz'ges Tröpflein Blut
Fährt dir mein Dolch ins Herze.

Dem Meister wird's zu grausig fast,
Er will die Messer wetzen,
Er sieht den Dolch, er sieht den Gast,
Es packt ihn das Entsetzen;
Er zittert wie das Espenlaub,
Dann macht er schnell sich aus dem Staub
Und sendet den Gesellen.

Einhundert Batzen mein Gebot,
Falls Du die Kunst besitzest;
Doch merk es Dir, ich stech dich tot,
So du die Haut mir ritzest.
Und der Gesell: "Den Teufel auch!
Das ist des Landes nicht der Brauch."
Er läuft und schickt den Jungen.

Bist du der Rechte, kleiner Molch?
Frisch auf, fang an zu schaben.
Hier ist das Geld, hier ist der Dolch,
Das beides ist zu haben:
Und schneidest, ritzest du mich bloß,
So geb' ich dir den Gnadenstoß;
Du wärest nicht der erste.

Der Junge sieht die Batzen, druckst
nicht lang' und ruft verwegen:
"Nur still gesessen, nicht gemuckst!
Gott geb Euch seinen Segen!"
Er seift ihn ein ganz unverdutzt,
Er wetzt, er stutzt, er kratzt, er putzt.
"Gottlob! Nun seid Ihr fertig."

Nimm, kleiner Knirps, dein Geld nun hin,
Du bist ein wahrer Teufel!
Kein andrer mochte den Gewinn,
Du hegtest keinen Zweifel;
Es kam das Zittern dir nicht an,
Und wenn ein Tröpflein Blutes rann,
So stach ich dich doch nieder.

Ei, guter Herr, so stand es nicht!
Ich hielt Euch an der Kehle;
Verzoget ihr nur das Gesicht
Und ging der Schnitt mir fehle,
So ließ ich Euch dazu nicht Zeit:
Entschlossen war ich und bereit,
Die Kehl' Euch durchzuschneiden."

So, so! ein ganz verwünschter Spaß!
Dem Herrn ward's unbehäglich;
Er wurd' auf einmal leichenblaß
Und zitterte nachträglich:
So, so, das hatt' ich nicht bedacht,
Doch hat es Gott noch gut gemacht;
Ich will's mir aber merken.

BARTREKORDE

Der längste Vollbart

Der längste Bart gehörte Hans N. Langseth, *1846 in Norwegen. Als Hans N. Langseth 1927 in der USA verstarb, hatte sein Bart eine Länge von 533 cm. Der Bart wurde 1967 dem Smithsonian-Institut Washington zum Geschenk gemacht.

Der längste Schnurrbart

Seit 1973 läßt Birger Pellas, *1934 in aus Malmö (Schweden), seinen Bart wachsen. Im Februar 1992 hatte der Schnurrbart eine Weite von 312 cm.

Der längste Backenbart

Der Backenbart von Ergen Hasan, *1932, aus Bretten (Landkreis Karlsruhe), maß im Mai 1991 192 cm. Der gebürtige Türke, der seit 1963 in Deutschland lebt, pflegt seine Manneszierde seit 1980.

Auf einer Messe in Neu Delhi präsentierte der 46jährige *Ram Singh Chauhan* seinen knapp zwei Meter langen Schnurrbart. Um diese Länge zu erreichen, ließ er seinen Bart seit 1970 ungeschnitten. [352]

BART KRANKHEITEN

Der Bart hat außer den mit dem Kopfhaar gemeinsamen Krankheiten (wie Schuppen- und Kleienflechte, Wabengrind, Ausfallen oder Ergrauen der Haare) noch einige eigentümliche Krankheiten.

Bartfinne, Bartgrind, Sykose

Die *Bartfinne ist* eine schmerzhafte, tiefgreifende Entzündung der Haarbälge und Haarbalgdrüsen, welche leicht zu ausgedehnter Borkenbildung, Geschwüren und Wucherungen führt.
Hervorgerufen in leichteren Fällen durch Eitererreger, in schweren Fällen durch Hautpilze.
Bei der Form von Bartfinne, die in dicken, harten entzündlichen Knoten auftritt, ist der Erreger Trichophyton tonsurans.
Er ist durch Ansteckung von einer Person auf die andere übertragbar. Schon durch tägliches Abrasieren der erkrankten Barthaare ist diese Erkrankung zu beseitigen.

Gemeine Bartflechte

Die *nichtparasitäre Bartflechte* (Follikulitis barbae) verursacht an Oberlippe, Kinn und Wangen oberflächliche und auch tiefere rote Knötchen und Pusteln, aus denen sich Eiter entleert. Die Haare lassen sich leicht herausziehen und zeigen eine gelatinöse, eitrig infiltrierte Wurzelscheide.
Die Erkrankung ist oft sehr hartnäckig, Rückfälle sind häufig.
Die Behandlung erfolgt mit heißen Umschlägen und desinfizierenden Salben.

Um 1908 riet man derart betroffenen Männern, das Barthaar auszuraufen oder durch Bestreichen der erkrankten Stellen mit einer Auflösung von Quecksilber oder Kupfersalzen mit Carbolöl, Schmierseife oder Schwefelpaste "gründlich zu Leibe zu rücken".

Nachwort

In dieser kleinen Geschichte des Bartes wollte ich keinesfalls historische Zusammenhänge umfassend darstellen. Es wäre sicher langweilig und ein dicker Wälzer geworden und kaum dazu angetan, einen größeren Leserkreis zu finden.
Es ging mir einfach darum, die vielen Seiten des Bartes zu skizzieren, weil ich glaube, dass er das verdient hat, denn kein Modeattribut, kein äußeres Merkmal an Menschen hat sich über Jahrtausende in immer wieder neuen Formen präsentiert, hat soviel Widersprüche ausgelöst und soviel bewirkt. Von Anerkennung bis Begeisterung auf der einen Seite und Ablehnung bis fanatischer Bekämpfung auf der anderen - sogar bis zu Kriegen (Ammoniter gegen König David, 1040 v.Chr.).
In Form von Momentaufnahmen habe ich die Epochen herausgegriffen, in denen Bärte mehr als gewöhnlich über Zeit und Menschen aussagten. Es entstand somit eine Art Zeitraffer der Bartveränderungen.
Aber nicht nur die Bärte haben sich verändert, auch die Menschen sind insgesamt toleranter geworden. Ganz sicher führt man wegen Bärten keine Kriege mehr und umgebracht wird wohl auch niemand mehr, nur weil er einen Bart trägt - trotzdem gibt es nach wie vor Widersprüche zwischen Bartträgern und Glattgesichtern.

Ein wenig wollte ich einerseits zum moderateren Umgang miteinander beitragen - denn jede noch so extreme Meinung ist etwas falsch und etwas richtig, niemand hat allein die Wahrheit gepachtet - und zum anderen glaube ich fest, dass nur Wissen dazu beiträgt, mit Andersdenkenden achtungsvoller umzugehen.

Vielleicht sieht mancher Bartlose oder manche Frau einen Bartträger jetzt mit anderen Augen an - dann wäre viel erreicht.

Anhang

Glossar B A R T F O R M E N

Backenbart

mehr oder weniger vergrößerte Koteletten z.T. bis zum Kinn reichend (um 1830).
Nach 1860 mit einem vollen Schnurrbart, Kaiser-Franz-Joseph-Bart oder einfach nur Kaiserbart genannt.

Der Backenbart kam bereits in der griechisch-archaischen Zeit vor.

[353]

[354]

Bartkranz oder Kranzbart ➔ *Fräse*

Bartperücke

ein langer, schmaler Bart am Kinn, teilweise oder ganz aus falschem Haar geflochten, mit Fäden hinter dem Ohr befestigt oder angeklebt.
Getragen im alten Ägypten (um 1300 v.Chr.), war es ausschließlich das Privileg der Könige und Königinnen.

[355]

[356]

Bürste

mehr oder weniger schmaler, nach unten frisierter, glatter *Oberlippenbart*, kam ab etwa 1920 und besonders von 1933-1945 in Mode (Charlie Chaplin, Adolf Hitler).

Chevalierbärtchen

Barttracht des 17. Jhs. - zwei schmale, gekräuselte Striche auf der Oberlippe, fast ausschließlich mit *Kinnfliege* getragen.

➔ *van-Dyck-Bart*

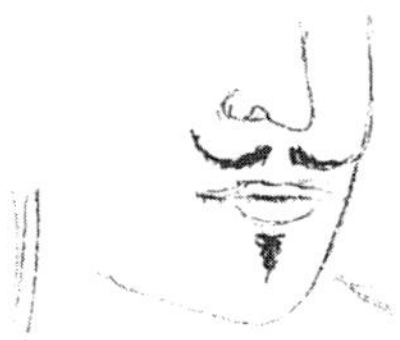

[357]

[358]

Doppelspitzbart

geteilter *Spitzbart* (Kinnbart)

[359]

Drei-Tage-Bart

Bartmodeform, vor allem jüngerer Männer, im ausgehenden 20. Jh. (oft auch als unrasiert bezeichnet). Soll als Symbol der Männlichkeit, Kraft und Sinnlichkeit gelten. (2-3 mm lange Bartstoppeln, 3 - 5 Tage unrasiert).

[360]

Dürerbart

tiefsitzender Kinnbart mit Fliege und schmalem Oberlippenbart (Anfang 16. Jh.).

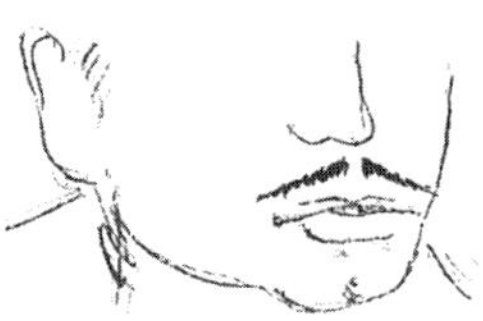

[361]

Englischer Schnurrbart

schmaler, gepflegter *Oberlippenbart*, nach dem 1. Weltkrieg modern, von berühmten amerikanischen Filmstars in etwas unterschiedlicher Fasson getragen und nach ihnen benannt, wie der ➔ *Menjou - Bart* (nach Adolphe Menjou) oder in den 1930er Jahren der *Clark-Gable-Bart*.

[362]

Es ist erreicht

volkstümliche Bezeichnung für den vom deutschen Kaiser Wilhelm II. (1888 - 1918) getragenen, fast rechtwinklig geformten, stark hochgezwirbelten *Oberlippenbart*, den *Zwirbelbart*, den sein Hoffriseur Francois Haby erfand und der mittels einer Bartbinde über Nacht in Form gehalten wurde.

Favoris

(frz., vom lat. favere >günstig sein< um 1795 zum Tituskopf aufgekommene, schmale, seitliche Bartstreifen vor den Ohren (Koteletten). Die *Favoris* entwickelten sich aus den Oreilles de chin genannten Haarsträhnen der Revolutionsfrisur, wurden in den 1820er Jahren gekräuselt und in den 1830er Jahren zum *Backenbart* verlängert.

[363]

Entwicklung der Favoris von Koteletten zum Backenbart

Fliege

kleines Bartdreieck unterhalb der Lippe (Kinnfliege), um 1500 mit Kinn- und schmalem *Oberlippenbart* (*Dürerbart*). Zur Zeit der span. Mode, in der 2. Hälfte des 16. Jhs. bis etwa 1620, zusammen mit einem *Spitz-* und *Oberlippenbart* getragen und besonders charakteristisch für Heinrich III. von Frankreich (1574 - 1589).
Ende des 17. Jhs. sprach man auch von einem aus zwei Pünktchen bestehenden *Oberlippenbart* als *Fliege* oder *Mouche*.

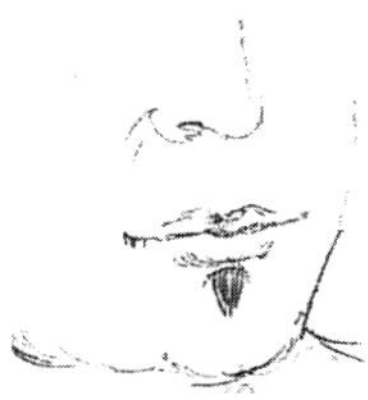

[364]

[365]

Fräse

zusammen mit *Vollbart* die älteste Bartform überhaupt, wurde durch die Semiten in Babylonien bereits 3000 v.Chr. eingeführt. In Deuschland vor allem im 16. und 19. Jh. verbreitet. Auch Kranzbart oder *Bartkranz* genannt.

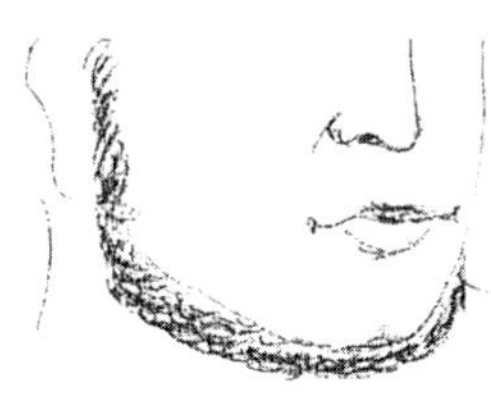

[366]

[367]

Gabelbart

Doppelspitzbart oder ➔ *Zwillichbart*
(2. Hälfte 14. Jh. u. 1. Hälfte 16. Jh.)

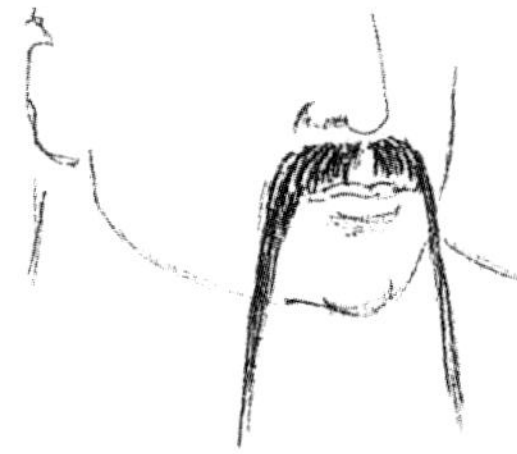

[368]

Granne

(von althochd. granna >Barthaar<), der für die Franken (4./5. - 9./10. Jh.) charakteristische, dünne, an beiden Seiten herabhängende *Oberlippenbart*.

Henri-quatre-Bart

erst in den 1860er Jahren verbreiteter, nach Heinrich IV. von Frankreich (1589 - 1610) benannter *Knebelbart* mit einem schmalen *Oberlippenbart*, der in der Mitte des 19. Jhs. von Napoleon III. mit einem gezwirbelten *Oberlippenbart* getragen wurde (eine Art Ziegenbart am Kinn zugestutzt), stets mit einem mehr oder weniger großen Oberlippenbart ergänzt.

[369]

Imperiale

modisches Haarbüschel unter der Unterlippe (nach Kaiser Napoleon III. um 1860).

[370]

Kaiser-Franz-Joseph-Bart

üppiger *Backenbart* mit *Schnurrbart* und ausrasiertem Kinn - bei nach außen weisenden, äußeren langen Spitzen des *Backenbartes* ergibt sich ein *W-Bart,* typisch für die 2. Hälfte des 19. Jahrhunderts.

[371]

Knebelbart

kurzer, spitzer oder waagerechter, schmaler bis mäßig breiter *Kinnbart* (ohne *Bakkenbart* !), zusammen mit einem *Oberlippenbart.* Der *Knebelbart* war für die spanische Mode charakteristisch, wurde während der ganzen 1. Hälfte des 17. Jhs. beibebehalten und in Deutschland auch *Wallensteiner* genannt. Gustav Adolf II. von Schweden trug einen ähnlichen Bart. In den 1860er Jahren nannte man ihn *Henri-quatre-Bart.* Napoleon III. trug ihn mit gezwirbeltem *Oberlippenbart.*

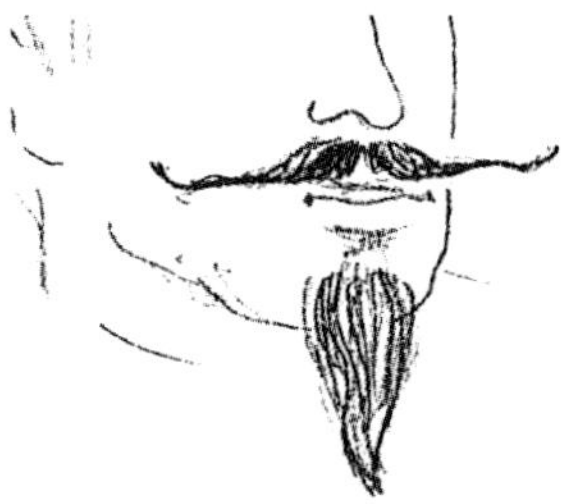

[372]

[373]

Koteletten

auch ➔ *Favoris*
Koteletten kamen erneut um 1955 auf, wurden 1965 größer und breiter. Z.T. heute noch verbreitet.

[374]

[375]

Krause ➔ *Fräse, Bartfräse*

Menjou - Bärtchen

auch unter der Sammelbezeichnung *Englischer Schnurrbart* bekannt. Gepflegter, schmaler *Oberlippenbart* der 1920er Jahre, benannt nach dem amerikanischen Schauspieler Adolphe Menjou.

[376]

Mongolenbart

spärlicher, mehr oder weniger langer *Oberlippenbart.*

[377]

Mouche

(franz. *Fliege*)
Ende des 17. Jhs. vereinzelt getragener *Oberlippenbart* in Form zweier kleiner Pünktchen.

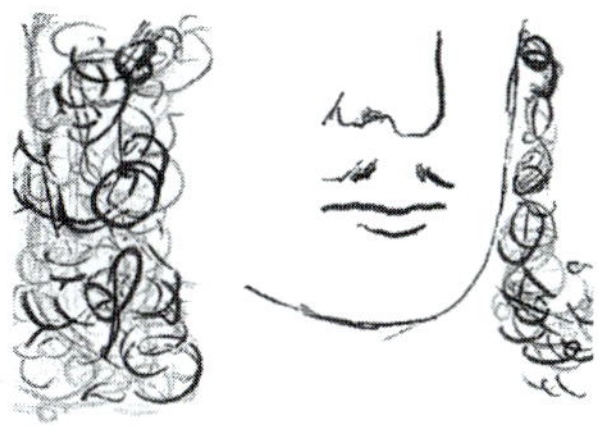

[378]

[379]

Musketierbart

schmales *Oberlippenbärtchen* mit *Kinnfliege (Anfang 17.* Jahrhundert).
➔ *Chevalierbart,*
➔ van-Dyck-Bart

[380]

[381]

Nietzsche - Bart

einfacher, natürlich gestutzter, etwas länger gehaltener *Oberlippenbart.*

[382]

[383]

Postiche

in England Bezeichnung für falschen Bart der Könige im alten Ägypten. Im Spätbarock Bezeichnung für falsche Haarteile.

Schnurrbart, *Schnauzbart*

im süddeutschen Raum ursprünglich *Schnauzbart* genannt. Im 18. Jh. bei Soldaten aufgekommene Bezeichnung für den *Oberlippenbart,* der meist den Offizieren vorbehalten war. Die Fasson des *Schnurrbartes* wechselte stark nach der Mode.

[384]

Seehundbart

üppiger *Oberlippenbart*, bis über die Lippen hängend, senkrecht, glatt oder leicht gewölbt, Seiten etwas länger.

Gewisse Ähnlichkeit mit dem *Nietzsche-Bart.*

[385]

[386]

Senatorenbart

geteilter, nach außen gerichteter *Backenbart* mit ausrasiertem Kinn.

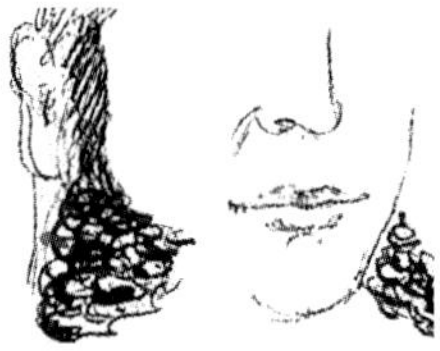

[387]

Spitzbart

ursprünglich am Kinn spitz zugestutzter *Vollbart*, später nur spitzer *Kinnbart.*

[388]

van-Dyck-Bart ➔ *Musketierbart*

Vollbart

frei wachsender Bart, in den früheren Zeiten allgemein übliche Bartform. Oft als Zeichen männlicher Kraft und Symbol der Freiheit getragen (Sklaven und Unfreien wurde der Bart abrasiert). Im 19. und 20. Jh. Ausdruck freiheitlicher oder revolutionärer Gesinnung.

[389]

[390]

Wallensteiner ➔ *Knebelbart* (1. Hälfte des 17. Jahrhunderts).

Whisker (engl.) *Backenbart*

W - förmiger Bart

typisch für die 2. Hälfte des 19. Jhs. *(Kaiser - Wilhelm - Bart).*

[391]

Zwillichbart auch ➔ *Gabelbart* (2. Hälfte 14. Jahrhundert).
➔ *Doppelspitzbart* (1. Hälfte 16. Jahrhundert).

[392]

[393]

Zwirbelbart

(von zwirbeln, drehen) *Oberlippenbart* mit gedrehten Enden, wie ihn Napoleon III. (1852 -1870) trug, oder seitlich hochstehend, wie der *Es-ist-erreicht-Bart* Kaiser Wilhelm II. (1888 - 1918). Der *Zwirbelbart* wurde mit Hilfe von Bartwichse, Barteisen und einer in der Nacht getragenen Bartbinde in Form gehalten. Er kam um 1900 bis zum 1. Weltkrieg ganz aus der Mode.

[394]

[395]

Verzeichnis der Abbildungen:

Bildquellen:

akg Archiv für Kunst und Geschichte, Berlin
3 Verdi, 5 Karl Marx, 11 Schopenhauer, 13 Markgraf Casimir v. Brandenburg, 30 Rasiermesser aus der Bronzezeit, 33 Der Stich zeigt die gewaltsame Entfernung eines Bartes auf Anweisung des Zaren, 77 Poseidon v. Artemision, 5. Jh. v.Chr., 83 Plinius d. Ältere, 87 Markomannische Gefangene vor Kaiser Mark Aurel, 94 Keltische Bronzemaske, 98 Mark Aurel empfängt besiegte Barbaren, 101 Karl I. - Reliquienbüste, 106 Heinrich II. (Adamspforte Bamberger Dom), 107 Friedrich I. (Barbarossa) Reliquienbüste 115 Albrecht Dürer (Selbstbildnis), 116 Johann Friedrich, Herzog zu Sachsen, 127 Heinrich VIII., 128 Luther als Junker Jörg, 133 Hans Holbein d. J., 154 Die Anatomie des Dr. Tulp, 188 Kaiser Wilhelm I., 192 Charles Dickens, 196 Bill Cody (Buffalo Bill), 197 Wilhelm I., 198 Friedrich III., 199 Wilhelm II., 229 Albert Einstein, 240 The Beatles, 335 Verdi, 341 Garibaldi

Klaus Bergmann, Potsdam
165 Friedrich II.

Bild- und Heimat Verlag, Reichenbach
150 August d. Starke, 162 Moliere, Jean Baptiste

Illustrationen aus "Fashions in Hair" von Richard Corson
Peter Owen Ltd, London
63 Perser, 62 Assyrischer König (um 740 v.), 93 Franke (um 400 n.Chr.), 95 Gote, 114 Kolbe, 125 Zwillichbart (Johann Fust), 142 Hans Steiniger, Bürgermeister, 143 Ferdinand I., 144 typ. span. Mode, 179 Edward Lytton Bulwer, 186 Viktor-Emanuel-Bart, 191 "Lord Dundreary" (E.A. Sothern um 1880), 194 Bartformen der Zeit, 195 Bartformen der Zeit (Don M. Dickinson, Politiker), 205 Louis Blériot, 210 Andrew D. White, 213 Admiral Marquis (1912), 217 James G. Blaine, 222 Schnurrbartformen, 223 Schnurrbartformen, 224 Schnurrbartbinde, 225 Eli. J. Randolph, 349 Oh Gott, es ist passiert! Eulen u.eine... , 350 Ein Mann saß im Baum vor dem Haus... , 356 Bürste, 376 Menjou-Bärtchen, 391 W-förmiger Bart

dpa Deutsche Presse Agentur Berlin
2 Otto Lilienthal, 4 Wilhelm II., 6 Johannes Brahms, 8 Adolf Hitler, 9 Heinrich IV., 10 Boris Becker, 16 Russischer Priester, 19 Sikhs, 20 Krieger vom Stamm der Sipaka (Papua-Neuguinea), 23 Jalal Talebi (Iraner), 26 Yogi Maharishi Mahesh (Inder), 27 Jassir Arafat, 28 Jonathan Akpoborie (Nigerianer), 46 Chuck Norris, 47 Placido Domingo, 48 Raymond Burr, 49 Luciano Pavarotti, 50 Sean Connery, 51 Peter Steiner "Cool Man", 53 Statue Ramses II., 56 Goldmaske des Tut-Ench-Amun, 81 Kaiser Mark Aurel, 100 Karl d. Große, 112 Galileo Galilei, 113 Leonardo da Vinci, 130 Johannes Kepler, 137 Papst Julius II., 146 Shakespeare, 169 Kaiser Napoleon, 187 Friedrich Engels, 201 Johann Strauß, 202 Kaiser Franz Joseph I., 207 Zar Nikolaus II., 209 Verdi, 211 Wilhelm Busch, 214 König Georg V. v. England, 220 Karl Liebknecht, 221 Fürst Otto v. Bismarck, 231 Paul von Hindenburg, 233 Charlie Chaplin, 239 Elvis Presley, 252 Walt Whitman, 255 Francis Ford Coppola, 256 Martin Luther King, 308 Salvador Dali, 351 Boris Becker, 352 Ram Singh Chauhan

Dornier Medienholding GmbH Berlin
102 Walther v. d. Vogelweide, 111 Luther als Junker Jörg (Titelbild), 145 Spanische Soldaten (16. Jh.), 168 Die Freiheit führt das Volk auf die Barrikade

Staatliche Kunstsammlung Dresden
17 Mann am Fluss, 68 Alkibiades - Marmorbüste, 75 Blaubart, 85 Brutus, 122 Charles de Morette, 218 Fritz v. Uhde (1898)

Privatarchiv
I - IV, 1, 12, 14, 15, 18, 22, 24, 25, 29, 35, 36, 39 - 45, 52, 55, 60, 67, 103, 105, 110, 131, 148, 149, 164, 167, 170, 185, 200, 208, 212, 215, 226 - 228, 230, 232, 234, 237, 238, 241 - 245, 259 - 306, 309 - 334, 336 - 340, 342 - 348, 354, 355, 357, 359 - 364, 366, 368 - 372, 374, 377, 378, 380 - 382, 384, 385, 387 - 389, 392 - 395

Eigene Fotos mit freundl. Genehmigung der **Staatlichen Museen zu Berlin**
61, 65, 69, 70, 71, 72, 73, 74, 78, 80, 84, 86, 88

Eigene Fotos mit freundl. Genehmigung der **Hamburger Kunsthalle**
176 Philipp Otto Runge, 180 Die Mitglieder des Hamburger Künstlervereins, 184 Johann Philipp Petersen

Eigene Fotos mit freundl. Genehmigung der **Burg Gnandstein, Sachsen**
118 Wolfgang von Bartholomäus, 119 Georg Heinrich v. Einsiedel, 120 Hildebrand Einsiedel, 121 Heinrich Hildebrand v. Einsiedel, 124 Christus der Auferstandene, 157 Haubold von Einsiedel, 158 Abraham von Einsiedel, 177 Dr.Wilhelm Crusins

Eigene Fotos mit freundl. Genehmigung des
Schloß- und Spielkartenmuseums Altenburg
129 Georg Ernst von Henneberg, 134 Herzog Johann Wilhelm von Sachsen - Weimar, 155 Herzog Johann Philipp, 159 Herzog Friedrich I., 160 Herzog Friedrich Wilhelm II., 163 Ernst d. Fromme, Herzog v. Sachsen-Gotha, 178 König Georg v. Hannover, 181 Herzog Joseph, 203 Herzog Ernst v. Sachsen-Altenburg

Interfoto, Pressebild-Agentur München 257 Uncle Sam

Jürgen Kaufmann, Köln 21 Chinesischer Moslem

Picture Press Life, Hamburg
7 Karl V. (Gianni Dagli Orti), 82 Nero (Archivo Iconografico), 251 Gideon Welles (Corbis)

Professor Engelmeier, München
235 Oliver Hardy / Stan Laurel, 236 Clark Gable

Preußischer Kulturbesitz Berlin, Bildarchiv
38 Königin Hatschepsut, 54 Sarg eines Priesters, 59 Speerträger aus Susa, 66 König Amenophis I.

Joe Viesti - The Viesti Collection New York
246 Der amerikanische Pioniergeist, 247 Mount Rushmore, 258 Farmer aus Cut Bank

Eckhart Reinhold Verlag, Altenburg 109 Friedrich I.

Gerhard Franke, Leipzig

34 Einer der ersten patentierten Rasierapparate mit Klingenkapsel (1880 USA), 37 Miss Annie Jones-Elliot (Esau-Dame), 57 Ramses III., 58 Assyrischer Oberpriester - Assyr. König, 64 Altsumerische Götterfigur, 76 Krieger um 130, 79 Kreter - Porträt, 90 Germane 400 v.Chr., 92 Rasiermesser aus Bronze, 96 Franken-Krieger, 97 Langobardenherzog um 580, 104 Spätgotik, Gelockter Vollbart, 136 Franz I. um 1530, 141 Der Barbier, 147 Philipp IV. von Spanien, 152 Haar- und Barttracht 30jähriger Krieg, 153 Geistlicher um 1660, 156 Herzog Bernhard zu Sachsen-Weimar, 161 um 1680, 171 Mitglied des Konvents J.B. Milhau, 175 G.L. von Blücher, 190 Napoleon III., 204 W-Bart (um 1870) Franz Josef-Bart, 206 Jahrhundertwende, 219 Es-ist-erreicht-Bart (1893)

Verlag Handwerk und Technik, Hamburg 89 Germane (um 100 n.Chr.)

Zimmermann, Eigenverlag

91 Sachsenherzog Wittekind, 117 Friedrich der Großmütige, 123 Friedrich II. Herzog zu Sachsen, 126 Johann Friedrich von Sachsen, 132 Joachim II. Kurfürst von Brandenburg, 135 Lucas Cranach d. Ä., 138 Papst Paul III., 139 Kardinal Bempo, 140 Doge Andrea Gritti, 151 Kardinal Richelieu, 166 La Fayette, 172 Christian Dahlmann, 173 Karl Philipp, Fürst zu Schwarzenberg, 174 Ferdinand v. Schill, 182 Turnvater Jahn, 183 Heinrich Heine, 189 Graf v. Auersperg, 193 Roderich Benedix, 216 Fritz Reuter, 353 Backenbart, 358 Chevalierbärtchen, 365 Fliege, 367 Fräse, 373 Knebelbart, 375 Koteletten, 379 Mouche, 383 Nietzsche-Bart, 386 Seehundbart, 390 Vollbart

Corel Corporation (Vignetten)

S.43 V1 Ägypten (Pyramiden), S.51 V2 Griechenland (Akropolis), S.59 V3 Rom (Kolosseum), S.65 V4 Germanen (Pferd), S.71 V5 Mittelalter (Gebäude), S.83 V6 Renaissance (Kirche), S.97 V7 Spanien (Stier)

Da trotz gewissenhafter und umfangreicher Recherche aller mir zur Verfügung stehenden Quellen (Verlage, Agenturen, Bildarchive, Internet) die Herkunft von einigen wenigen Bildern nicht ermittelt werden konnte, wäre ich für jeden Hinweis dankbar, der mir weiterhelfen könnte.

Eine Nacht in Venedig, Operette von Johann Strauses in einer Aufführung des Staatstheaters am Gärtnerplatz, München. Foto: Monica Matthias

Literaturverzeichnis

"Aus deutscher Dichtung", Sammlung neuer Schulbücher für die Thüringer Volksschule, Weimar 1932
Bertelsmann Universallexikon, Lexikon Verlag GmbH, Gütersloh 1994
"Biedermeier", Willi Geismeier, E. A. Seeman Verlag, Leipzig 1979
Brockhaus Konversationslexikon 1908
"Das große Bilderlexikon der Mode", L. Kybalova, Verlag der Kunst Dresden/ Artia Prag 1966
"Deutsche Heimatsagen" von Dr. Harry Trommer, Kinderbuchverlag Berlin, 1957
"Deutsche Kaiser", Weltbild-Verlag
"Die große Bertelsmann Enzyklopädie des Wissens", Gütersloh/München 1993
"Die Geschichte Amerikas in Bildern", Tom Lovell, Bechtermünzverlag 1996
"Traumziele der USA", Gerhard Rauchwetter, Süddeutscher Verlag, GmbH München 1981

Neuer Kaiserverlag, Klagenfurt 1987:
"Napoleon und seine Zeit", Luigi Roma,
"Große Frauen der Weltgeschichte"
"Große Männer der Weltgeschichte"

"Die Mode im Wandel der Zeiten", Dr. W. Kurth, Buchgemeinde Berlin, 1929
"Fashion in Hair", Richard Corson, London 1984
"Geschichte des Kostüms", Erika Thiel, Kunst und Gesellschaft, Henschelverlag Berlin 1980
"Guinnessbuch der Rekorde", Deutsche Ausgabe, Ullstein Frankfurt 1993
"Katalog der Gipsabgüsse", Staatl. Kunstsammlung Dresden Albertinum 1953
"Klassische Reiseziele", Bronzestatuen von Riace in Reggio, Atlantis 1989
"Körpersignale vom Scheitel bis zum Kinn", Desmond Morris Wilhelm-Heyne-Verlag München 1985
"Kostümkunde", Ursula Fehling, Fachbuchverlag Leipzig 1978
"Kulturgeschichte im Prisma", Prisma-Verlag, Zenner und Gürchott, 1985
"Kunstreihe Maler und Werk", Verlag der Kunst, Dresden 1974
"Lebendige Maske", Heft 34/1985
"Lexikon der Antike", VEB Bibliographisches Institut Leipzig 1971/77
"Maskengestaltung", Julius Hellmich, Fachbuchverlag Leipzig 1991
Meyers großes Taschenlexikon
"Philipp Otto Runge", Peter Betthausen, E. A. Seemann Verlag, Leipzig 1980
Peter Moosleitners Magazin 10/91, 6/95, 8/95
"Reclams Mode- und Kostümlexikon", Ingrid Loschek, 1994
"Sächsische Köpfe", Verlag Heimatwerk Sachsen, v. Baensch Stiftung Dresden 1938
"Schminken nach Zimmermann" im Selbstverlag d. Verfassers
"Sprichwörterlexikon", Horst und Annelies Beyer, VEB Bibliographisches Institut Leipzig
"Stil- und Frisurenkunde", Möller-Domnick, Verlag Handwerk und Technik, Hamburg 1981

"Studien über die Geschichte und Verbreitung der Barttracht", H. Mötefind, "Andropos" Band 23, 1926
"Kleines USA-Lexikon", Julius Redling, Becksche Verlagsbuchhandlung München 1989
"Der Bürgerkrieg in den USA", Leah Ireland-Kunze, Militärverlag DDR, Berlin 1989
"Abraham Lincoln", Jürgen Kuczinski, Akademie-Verlag Berlin, 1985
"HB Bildatlas spezial - USA Südwesten", HB-Verlag Hamburg, 1994